단어를 알면 복음이 보인다

단어를 알면 복음이 보인다

조선·대한제국의 언어와 제도가 담긴 현대 성경

2023년 8월 20일 초판 1쇄
2024년 3월 10일 초판 2쇄

지은이 서신혜
펴낸이 서진한
펴낸곳 대한기독교서회

등록 1967년 8월 26일 제1967-000002호
주소 서울시 강남구 테헤란로103길 14(삼성동)
전화 출판국 02-553-0873~4, 영업국 02-553-3343
팩스 출판국 02-3453-1639, 영업국 02-555-7721
e-mail editor@clsk.org
http://www.clsk.org
facebook.com/clskbooks
instagram.com/clsk1890

책번호 2376
ISBN 978-89-511-2139-5 03230

* 이 도서는 한국출판문화산업진흥원의
'2023년 우수출판콘텐츠 제작 지원' 사업 선정작입니다.

* 책값은 뒤표지에 있습니다.

단어를 알면
복음이 보인다

— 조선·대한제국의 언어와 제도가 담긴 현대 성경

— 서신혜 —

대한기독교서회

몇 단어로 성경 전체 이해도 높이기

나는 한국 고전문학을 전공하여 박사학위를 받고 이제껏 대학생들에게 우리 고전문학과 옛 문화를 가르치고 있다. 또 나는 평생 하나님만 섬기는 부모님 밑에서 모태신앙으로 태어나 늦게야 신학대학원에 가고 목사 안수를 받아 직장과 교회에서 복음을 전했다. 한국 문학·문화의 연구자와 하나님을 섬기는 사역자, 이 두 가지가 내 핵심 정체성이다.

늘 나에게 주어진 사명이 무엇인지 생각했다. 그러다 고전언어와 신학을 결합하여 말씀에 대한 이해도를 높이는 일에 힘쓰기로 했다. 성경으로 오신 주님을 만나려면 성경을 가까이하고 정확히 이해해야 할 것이므로 사람들에게 그것을 잘할 수 있도록 돕는 역할을 하자는 것이었다.

성경이 우리말로 처음 번역된 시기는 조선 시대의 제도와 언어가 여전히 우리 땅에서 통용되고 있던 때이다. 하지만 급격히 밀려드는 근대화로 사회가 급속히 변하면서 성경에 쓰인 단어 중 일부는 그 의미가 달라지거나 잊혀갔다. 이 책에서는 바로 그런 단어를 자세히 설명하려고 노력했다.

먼저 각 단어가 조선 시대부터 일제강점기 초까지 어떤 의미로 쓰인 단어인지를 충실히 설명한 뒤 그 의미를 알고 성경의 각 대목을 읽을 때 어떤 함의가 드러나는지 이야기했다. 이 몇 단어만 깊이 알아도 성경의 상당 부분을 명확히 이해할 수 있을 것이다. 나는 목회자를 넘어 평신도가 이런 단어들을 제대로 알아 성경을 좀 더 폭넓고 정확히 이해하게 되기를 진정으로 바란다.

이 책은 기본적으로 2020년 월간 「기독교사상」에 10회 연재한 원고를 바탕으로 한다. 당시 연재한 내용을 일부 보강하고, 두 장을 추가로 써서 총 12장으로 구성했다. 이 책에 설명한 일부는 여러 증거 자료를 제시하며 논문으로 발표한 것이다. 이 논문은 한국사 전공자이자 중앙대학교 다빈치교양대학에 재직 중인 이선희 교수님과 오랜 시간 논의하며 작성한 것이다. 자주 함께 이야기하고 아이디어를 공유하며 내용의 깊이도 더할 수 있었다. 참 감사하다.

논문으로 작성한 내용은 아무래도 번다하고 딱딱한 것이 많아 이 책에 넣을 때는 상당 부분을 생략했다. 혹시 보다 많은 용례와 증거 자료를 확인하고 싶은 분이 있을까 하여 본래 논문의 출처 정보를 밝히면 다음과 같다.

“개항기 한글성경 번역어 ‘속’(贖)의 함의와 적합성 고찰,” 「한국기독교신학논총」 114 (2019. 10): 205-31.

“성경번역어 ‘속건제’의 전근대 시기 함의 고찰,” 「구약논단」 26-1 (2020. 3): 150-73.

“‘희생’의 전근대적 함의와 근·현대인의 성경 이해,” 「성경원문연구」 46 (2020. 4): 46-243.

“개역개정 속 ‘자유’ 어휘의 역사적 변화 양상 연구,” 「성경원문연구」 50 (2022. 4): 174-201.

“『개역개정』에서 ‘속’의 용례 검토,” 「성경원문연구」 50호 별책 (2022. 8): 30-49.

“전통적 개념어 ‘나라’[國]의 의미와 성경 어휘 ‘천국’으로의 적용,” 「한국기독교신학논총」 126 (2022. 10): 111-40.

한국 기독교 선교 초기, 이 땅에 들어온 선교사들이 복음 확산을 위해 힘을 합쳐 만들었던 출판사에서 이 책을 출간하게 되어 얼마나 감격스러운지 모른다. 출간을 맡아주신 대한기독교서회 서진한 사장님과 「기독교사상」 편집진을 포함한 편집부원 모두에게 감사드리고, 애초에 「기독교사상」에 연재할 기회를 열어주신 김홍수 주간님께 특별한 감사의 인사를 드린다. 설립 133주년을 맞은 대한기독교서회가 더욱 발전하기를 간절히 바란다.

감사하고 감격하며
저자 서신혜 쓰다.

성경 단어가 어렵다고 느끼는 이유

언어는 세상을 인식하는 통로이다. 엄연히 존재하는 것도 언어로 명명되기 전까지는 대부분 우리 안에서 의미를 갖지 못한다. 어떤 대상이든 특정 언어를 통해서 사람들에게 전달되므로 전달하려는 대상을 지칭하는 정확한 어휘 선택은 백 마디 설명보다 효과적이다. 또 특정 어휘에 대해 깊이 이해하면 백 마디 설명이 필요 없을 만큼 대상을 명확히 인식할 수 있다.

우리나라에서 성경이 번역된 시기는 조선과 대한민국 사이였다. 그리고 그 한글 성경에 쓰인 여러 단어는 조선과 대한민국 '사이에 낀' 단어라고 할 수 있다. 왜일까?

시대 구분을 할 때 조선 시대까지를 근대 이전 시기, 즉 '전근대'라 부르고 갑오경장 이후 대한제국기와 일제강점기를 '근대'라고 하며 해방 이후를 '현대'라고 한다. 성경이 한글로 번역된 때는 '근대' 시기였다. 근대, 즉 국권을 잃고 남의 나라 지배를 받으며 힘들어하던 시기의 우리나라 사람들은 우리가 왜 망했을까 돌아보고 평가하는 과정에서 앞 시기인 '조선'의 것을 폄하하고 그것과 단절하려 했다. 그런 인식 아래 전근대 시기의 법률, 정치 제도, 의례, 특정 개념어의 용례 등이 무시되거나 제대로 전해지지 못한 채 오늘에 이르고 있다.

성경도 같은 맥락에 있다. 대개 한자어 때문에 성경이 현대 독자가 읽기에는 어렵다고 말한다. 하지만 그것이 주된 이유가 아니다. 조선과 대한민국 '사이에 낀' 근대 시기에 일어난 이런 의식적·무의식적 단절 시도의 결과로 그렇게 된 것이다. 성경을 처음 번역하던 때에는 분명 당시에 널리 통용되던 단어로 적확하게 번역했으나 이전 시기의 언어와 제도가 제대로 현대까지 전달되지 못한 채 잊힌 탓에 현대인이 이해하지 못하는 성경 단어가 많아졌다.

그래서 필자는 일련의 글을 통해서 우리 성경에 쓰인 단어 중 전근대에는 누구나 아는 단어였지만 현대까지 그 단어의 용례나 의미가 제대로 전달되지 못하여 오해를 받는 단어, 충분히 그 의미를 이해받지 못하는 단어를 설명하려 한다. 단순하게 한자어의 뜻을 풀기만 하는 것이 아니라 특정 상황에 쓰인 특정 의미의 개념어를 선정하여 그것의 본래 의미를 설명할 것이다. 단어의 의미와 용례를 명확히 알고 나면 거기에 담긴 신앙의 원리를 좀 더 실질적으로 느낄 수 있을 것이다. 그것이 쌓이면 성경이 처음 번역되어 퍼져나가던 당시 우리 신앙 선조들이 그 언어를 통해 느꼈을 감정이나 생각을 짐작할 수 있고, 초기 우리나라 성경 번역자들의 수고와 고민이 실제 이하로 폄하되는 것도 막을 수 있으리라 기대한다.

성경은 성령의 감화와 역사에 따라 기록된 하나님의 말씀이다. 그 말씀이 우리말로 번역될 당시에는 성경 원어인 히브리어나 헬라어에 대한 이해도가 지금보다 낮았고 참고 자료 또한 지금보다 부족했다. 하지만 당시 번역자들은 자신에게 주어진 언어적 지식과 감각을 총동원하여 이를 읽을 독자의 사회문화적 상황과 독해력을 고려하면서 고심 끝에 단어를 선택하고 문장을 완성해나갔을 것이다. 그것도 한 번역자 개인의 능력과 판단에 의해 이루어진 것이 아니라 다수 번역자의 의견과 판단이 종합되었음은 물론이다. 따라서 현대 독자는 성경의 특정 단어들이 잘 이해되지 않는다고 하여 이를 "잘못 번역되었다"라고 판단하거나 "영어 성경을 찾아보는 편이 낫다"라고 성급히 말하기 전에 그 단어를 최대한 이해하려는 노력을 먼저 기울여야 한다.

이 책은 총 12장에 걸쳐 성경에 나오는 핵심 단어들을 설명하는데 3개의 장을 하나의 부로 묶어 교리 이해, 사랑 이해, 설자리 이해, 정체성 이해로 분류했다. 제목 그대로 1부에서는 기독교 교리의 핵심을 대변해줄 단어들을 설명했고, 다음 2부에서는 주님이 어떤 분인지 알고 새삼 그분의 놀라운 사랑을 확인시키는 단어들을 설명했다. 3부에서는 말씀을 전하는 자, 교회의 제직(諸職), 모든 성도가 각각 무엇을 하는 사람인지 그래서 어떻게 해야 하는지를 알려주는 몇몇 단어를 설명했다. 마지막으로 4부에서는 주 앞에 우리가 누구인지 우리의 정체성을 확인시키는 단어들을 설명했다.

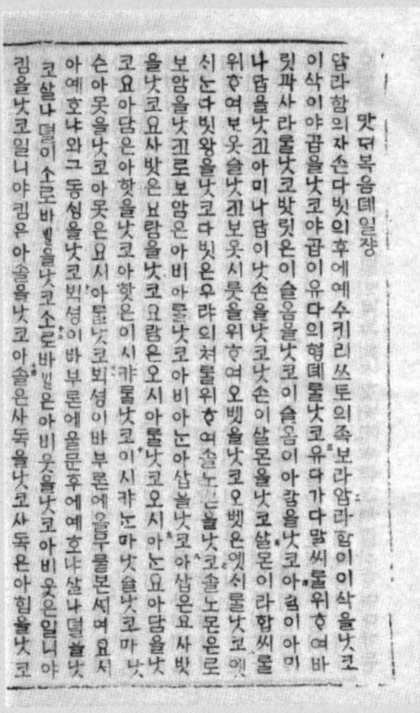

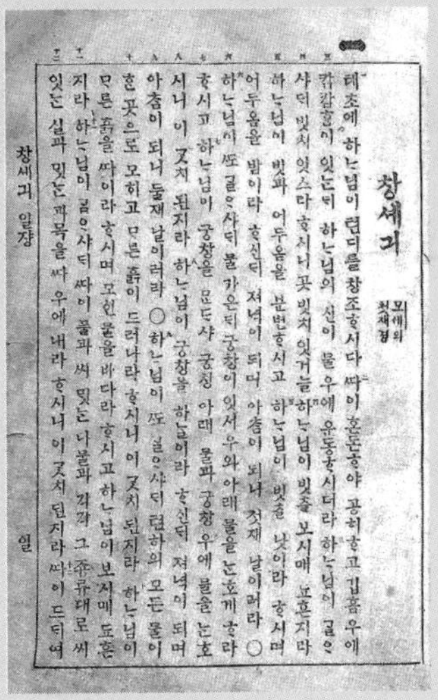

- 만주에서 번역된 우리나라 최초의 한글 신약성경 『예수셩교젼셔』(1887) 중 마태복음 1장.(좌)
- 우리 땅에서 최초로 완역된 한글 성경 『셩경젼셔』(1911) 중 창세기 1장.(우)

차례

3부 선 자리 이해

4부 정체성 이해

1부 / 교리 이해

贖

사랑은 여기 있으니 우리가 하나님을
사랑한 것이 아니요 하나님이 우리를 사랑하사
우리 죄를 속하기 위하여 화목제물로 그 아들을
보내셨음이라 (요일 4:10)

愆

누구든지 여호와의 성물에 대하여
부지중에 범죄하였으면 여호와께 속건제를 드리되
(레 5:15)

교/리/ 이/해

전근대에 사용된 특정 단어 하나만 제대로 알아도 성경에서 설명하는 기독교 교리의 핵심을 상당 부분 이해할 수 있다. 여기에서 설명하는 단어는 복음을 이해하고 그 의미를 새기며 감격을 충분히 느끼는 데 크게 도움이 될 단어이다.

먼저 복음의 핵심을 이해하는 열쇠인 '속'(贖)을 설명한다. 현재 한국교회에서 사용하는 예배용 성경인 『개역개정 성경』(이하 『개역개정』)에만도 '속'이 총 320개 절에 나온다. 속량, 구속, 대속 등의 단어는 교회에서 흔히 쓰는 말이지만 실제로 이 단어가 어떤 의미를 지니고 어떻게 작동하는 제도를 말하는지 모르는 이가 많다. 이 '속'이라는 제도 하나만 잘 이해해도 예수께서 우리를 위해 무슨 일을 하셨는지 충분히 이해할 수 있다.

두 번째로 설명하는 단어는 '건'(愆)이다. 잘못, 실수, 허물 등의 단어는 다 같은 말인 것 같아도 미묘하게 다르다. 이들 단어 중 어떤 특정한 경우에는 꼭 어떤 단어만 쓰는 법칙이 있었다. '허물'이라는 뜻을 가진 한자라고 통칭되는 '건'도 그렇다. 성경에 속죄제와 속건제가 나오지만 이것을 잘 구분하는 성도는 많지 않다. 하지만 '건'이라는 이 한 글자만 제대로 이해하면 명확히 구분할 수 있다.

세 번째로 설명하는 것은 '사'(赦)이다. 현대에는 다들 '용서하다'와 같은 단어로 이해하고 있지만 이 단어는 절대권자만 사용하던 단어이다. 또 이런 사면의 은혜는 오직 '자복'(自服)한 자에게 주어진다. 이 단어를 이해함으로써 우리는 주 은혜의 정도와 죄인 된 우리의 자세를 한꺼번에 배울 수 있다.

값을 치러서 이룬 변화, 속(贖)

허물의 종류를 따지는 단어, 건(愆)과 속건제

자복(自服)한 자가 받는 사죄(赦罪), 사유(赦宥)

값을 치러서 이룬 변화, 속(贖)

이 책에서 가장 먼저 소개할 단어는 '속'(贖)으로 정했다. 용 그림을 그리는 사람이 몸체를 다 그린 후 맨 마지막으로 하는 가장 중요한 작업이 눈동자 그리기이다. 이것을 잘 그리면 그림이 비로소 살아나 실제로 용이 되어 날아간다고 할 만큼 핵심 되는 것이 눈동자이다. 그래서 일을 완성하는 마지막 핵심 작업을 '화룡점정'(畵龍點睛)이라고 한다. 성경에서 말하는 모든 것이 중요하지만 그중에서 가장 중요한 '눈동자'에 해당하는 핵심이 바로 '속'이다.

속(贖)이라는 법 제도

속(贖)이야말로 복음과 예수 사역의 핵심을 설명하는 가장 중요한 개념어이다. 속은 '속하다'라는 동사로 쓰이기도 하고 속죄(贖罪), 속량(贖良), 구속(救贖), 대속(代贖) 등의 명사로 쓰이기도 한다. 성경에서 자주 볼 수 있지만 전근대 시기의 의미를 잃어버려서 현대인이 그 뜻을 제대로 이해하지 못하는 대표적인 단어이다.

'속'은 조선 시대에 널리 쓰인 법률 제도이자 법률 용어이다. 오늘날 헌법과 같은 조선의 법전은 『경국대전』이다. 『경국대전』에는 이전(吏典), 호전(戶典), 예전(禮典), 병전(兵典), 형전(刑典), 공전(工典) 등 6개로 나뉘어 각각의 법령이 마련되어 있는데, 속은 이 여섯 부분 모두에서 자주 등장한다. 속전(贖錢), 속량(贖良), 수속(收贖), 속물(贖物), 속죄금(贖罪金), 속죄(贖罪), 속신(贖身), 대구속신(代口贖身), 대속(代贖), 속죄포목[贖罪布木=속목(贖木)] 등의 제도 운용 규칙이 자세하고 명확하게 규정되어 있다.

속(贖)을 보면 '조개 패(貝)'와 '팔 매(賣)', 두 한자가 결합되어 있다. 널리 알려져 있듯 조개는 화폐로 사용되었기에 '패'는 돈이나 값을 뜻한다. 한마디로 속이라는 단어 자체에는 '값을 지불하는 행위'의 의미가 담겨 있다.

그렇다면 무엇을 위해 무엇을 지불할 것인지가 문제이다. 무엇을 위해 지불하느냐? 한마디로 천인(賤人) 신분에서 벗어나기 위해 그리고 죄인 신분에서 벗어나기 위해 값을 지불한다. 전자는 몸값, 후자는 죗값이라 이해할 수 있다. 지불 방식은 다양하다. 돈으로 값을 치르는 방식, 자신의 직위를 반납하는 방식, 자신이 세운 공로로 값을 치르는 방식, 나이와 성별이 비슷한 다른 사람으로 대신 치르는 방식, 다른 벌로 대체하여 치르는 방식 등이 있다. 이를 간략히 설명해보면 다음과 같다.

죗값으로서의 '속'

편의상 죗값에 관해서 먼저 설명하겠다. 지은 죄에 따른 형벌은 돈으로 대신 그 값을 치를 수 있는데, 이런 상황을 '속물(贖物)을 바쳐 속죄(贖罪)한다'라고 한다. 나라에서 정한 10대 악에 해당하지 않는 죄의 경우, 매를 맞는 형벌 대신 속물을 바쳐 죗값을 치를 수 있었다. 또한 자신이 가진 벼슬을 반납하는 것으로 죄를 속할 수도 있었다. 예를 들어 어떤 고을의 수령이 벌을 받게 되었을 때 그 벼슬을 내놓는 것으로 죗값을 치르는 것이다. 과거에 세운 공(功)이 있는 경우 그 공을 죗값으로 인정해주는 경우도 있었다. 또한 해당 벌을 대신하는 다른 벌로 그 값을 치르는 경우도 있었다. 예를 들어 유배형을 받은 사람이 유배를 가는 대신 장(杖)을 맞아, 즉 매를 맞아 죗값을 치르는 식이다. 이렇게 맞는 매는 '속하는 장'이라는 의미로 속장(贖杖)이라 불렀다.

죄에 대해 값을 치르는 속 제도를 시행할 때 죄의 크기와 속물의 규모는 해당 관장(官長)이 정했다. 관장은 해당 사건을 맡은 사람이니, 한 고을의 사또가 될 수도 있고 왕이 될 수도 있다. 가령 어떤 사람이 장 100대에 해당하는 형벌을 받아야 하는데 속물로 쌀 30가마니를 바쳤다고 하자. 이때 쌀 30가마니의 가치는 해당 관장이 정한다. 만일 관장이 그 가치를 장 20대로 정하면 그 사람은 장 80대만 맞고 쌀 30가마니로 장 20대를 '속'한 셈이다. 도성 100리 밖에서 3년간 머물러야 하는 유배형을 받은 사람이 그 벌을 '속장'으로 대신하고자 할 때에도 그 죗값을 장 70대로 할지 100대로 할지는 관장이 정했다. 같은 원리로 관장이 형벌을 속해주지 않으면 죄지은 사람은 속물을 낼 수도, 과거의 공이나 속장으로 대신할 수도 없었다.

몸값으로서의 '속'

이제 몸값으로서의 속, 즉 천민 신분에서 벗어나기 위해 값을 치르는 방식을 생각해보자. 조선은 각종 세금이나 부역의 의무를 양민에게만 부여했기 때문에 천민의 수가 늘어나는 것을 경계하고 제한했다. 조선 중기까지는 양반 아버지와 천민 어머니 사이에 태어난 천민만이 양민이 될 수 있었으나 조선 후기에 이르러서는 그 범위가 확대되어 양반의 피가 섞이지 않은 천민도 양민이 될 가능성이 열렸다. 이렇게 천민에서 양민이 되는 일은 '신분'을 '속'한다는 의미로 '속신'이라 칭하기도 하고, 천민이 '속'하여 '양민'이 된다는 의미로 '속량'이라 부르기도 했다.

속량은 크게 두 가지 방식으로 이루어졌다. 먼저 주인과 노비 간 합의를 거쳐 노비가 주인에게 속전(贖錢)을 낸 후 관에서 발행하는 증서를 받는 방법이 있었다. 예부터 종은 부모로부터 물려받는 재산의 개념이었으며, 양반은 후손에게 종을 물려주어 대대로 잘 부리기를 원했으므로 노비 풀어주기를 꺼렸다. 속전에 해당하는 금액을 노비가 마련하기도 어려운 일이었지만 그 돈이 준비되었다고 해서 모두 속량할 수 있는 것은 아니었다. 언급했듯 속량이 이뤄지려면 노비와 주인 간 합의가 있어야 하는데 상전이 거부하면 속량이 이루어질 수 없었으므로 아무리 충분한 속전이 마련되었다 하더라도 종의 신분을 벗어날 수 없는 경우가 많았다.

또 다른 속량의 방법은 대구속신(代口贖身)이다. 이것을 줄여 대속(代贖)이라고 하는데 대(代)는 '대신한다'는 뜻이고 구(口)는 '사람'을 뜻한다. 여기에서 사람을 인(人)이라 표현하지 않고 구(口)로 칭한 것은 조선 시대에 종을 사람이 아니라 재산으로 여겼기 때문이다. 간단히 말해 대구속신은 노비가 자신을 대신할 다른 노비를 사서 상전에게 줌으로써 속신하는 방법이다. 대신할 노비는 속량하려는 노비와 같은 성별, 같은 연령대의 건강한 사람이라야 했다. 대신 바쳐진 노비가 10년 안에 사망하면 양민으로 속신한 노비는 다시 그 주인의 노비가 되어야 했다. 조건을 모두 충족하는 사람을 찾아야 했기에 대구속신은 속전으로 속량하는 것보다 훨씬 까다로웠다. 물론 이 경우에도 주인이 대구속신을 거절하면 그 노비는 절대 속량할 수 없었다.

이 외에 공을 세운 것을 인정하여 천민을 양민으로 바꾸어 준 사례도 있었다. 예를 들어 임진왜란 때에 왕을 지키고 적을 무찌른 노비를 양민으로 만든 사례이다. 하지만 매우 예외적인 경우라 평소에 기대하기는 어려웠다.

천민에서 양민이 되면 그 자신은 물론 후손까지 영원히 양민 신분을 유지할 수 있었다. 하지만 후손 중 누구라도 천민과 혼인하면 그 사이에서 난 자녀는 천민이 되었고 그 후에는 어떤 경우라도 속량의 기회를 얻지 못했다. 속량한 이는 이 점을 늘

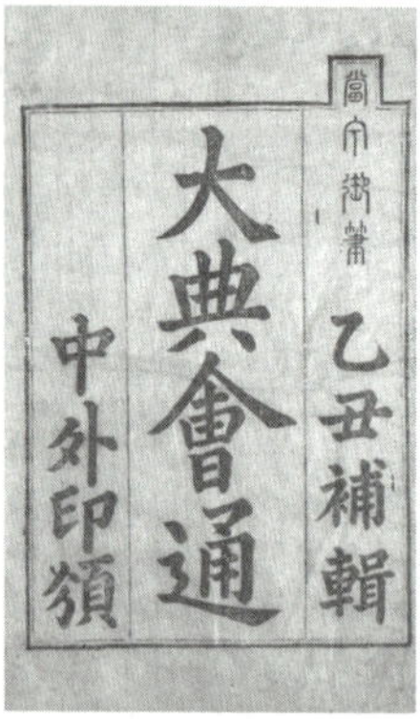

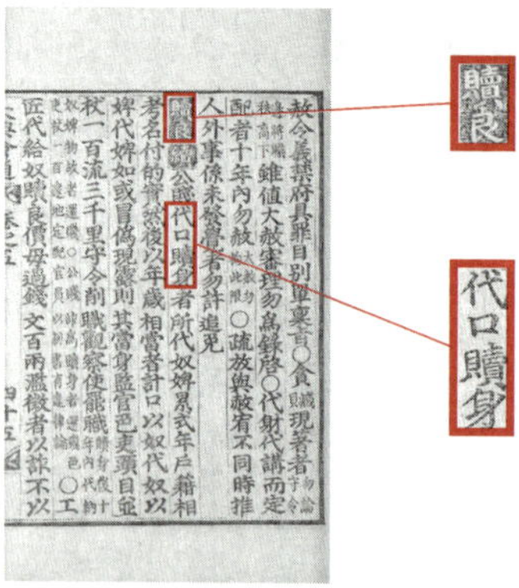

- 『대전회통』 표지. 고종 2년인 1865년에 편찬된 조선의 마지막 법전이다.(좌)
- 『대전회통』 "형전"(刑典)에 나오는 속량(贖良) 조목. 대구속신(代口贖身)에 대한 설명 등이 보인다.(우)

기억하며 다시는 천민과 섞이지 않는 삶을 살아야 했다.

요컨대 '속'이란 '몸값이나 죗값을 지불하다'라는 의미로, 단순한 한자가 아니라 당시 엄격하고도 널리 시행되던 법률 제도, 법률 용어이다.

속 제도를 들여다보면 복음이 보인다

전근대에 널리 통용되던 법률 제도인 속의 원리는 복음의 강조점을 매우 잘 보여준다. 성경에서는 구원을 법정(法庭) 방식으로 설명하는 경우가 많다. 심판의 개념이 대표적인 예이다. 따라서 우리말 성경에서 구원의 문제를 설명할 때 조선 시대의 법률 용어인 '속'을 사용한 것은 매우 자연스럽다.

속은 기본적으로 신분의 변화를 이르는 개념이다. 돈이나 공(功) 등 어떤 식으로든 값을 치르면 신분 변화를 이루게 된다. 죄인이 속하여 죄 없는 자(성경의 용어로는 '의인')라는 신분이 되고, 천민이 속하여 양민의 신분이 된다. 속은 이렇듯 신분의 변화를 일으키고 자유를 주는데 이는 복음의 원리를 단적으로 보여준다. 죄인은 돈이나 자기 몸으로 죗값을 치러야만 죄인의 신분에서 벗어날 수 있다. 성경에서는 기독교 신자에 관하여 언급할 때 이런 신분상의 변화로 설명하는 경우를 쉽게 찾아볼 수 있다. 예를 들어 "율법 아래에 있는 자들을 속량하시고 우리로 아들의 명분을 얻게 하려 하심이라"(갈 4:5)라는 구절은 속의 개념을 이해할 때 그 의미가 보다 선명해진다. '속량'으로 '아들'이 되는 변화가 한눈에 보인다.

속은 사면(赦免)과 다른 개념이다. 사면은 은혜로 죄를 용서해주는 것이지만, 속은 반드시 형벌에 맞는 값을 치러서 벌과 값을 일대일로 바꾸는 것이다. 로마서 3:24에서는 "그리스도 예수 안에 있는 속량으로 말미암아 하나님의 은혜로 값 없이 의롭다 하심을 얻은 자 되었느니라"라고 말하고 4:6에서는 "일한 것이 없이 하나님께 의로 여기심을 받는 사람의 복에 대하여 다윗이 말한 바"라고 했는데 여기에서 "값 없이, 일한 것 없이"라는 말은 일대일로 값을 치러서 바꾼다는 속의 개념을 염두에 둔 표현이다.

속에는 기본적으로 등가성의 원리가 전제된다. 죄의 크기에 '맞는' 정도의 값을 치러야 하고, 종의 나이와 성별에 '걸맞은', 다시 말해 나이와 성별이 '같은' 사람을 대신 주어야만 속죄나 속신이 된다는 것이 등가성의 원리이다. 등가성을 포함한 속의 원리는 하나님의 두 가지 속성, 즉 사랑의 하나님과 공의의 하나님이라는 두 속성 모두와 매우 부합한다.

하나님은 공의의 하나님이기 때문에 죄와 함께하실 수 없다. 따라서 죄인은 자신의 죗값을 치러야만 하나님과 함께할 수 있다. 하지만 인간은 하나님 앞에서 자신의 죗값을 스스로 치를 능력이 전혀 없다. 그래서 하나님이 친히 인간이 되어 그 죗값을 대신 치르셨다. 곧 사랑의 하나님이다. 이 두 가지가 나란히 있어야 복음이다.

종의 신분에서 벗어나고 싶을 때 다른 사람을 자기 대신 종이 되도록 상전에게 주고 자신이 벗어나는 것을 대구속신이라고 했다. 이런 대구속신의 원리는 복음의 핵심 내용을 더욱 잘 보여준다. 앞서 설명했듯 상전에게 돈으로 몸값을 지불하려 하지만 받지 않을 경우 노비는 다른 종을 구해서 상전에게 주고 양민이 될 것을 꾀하는데, 이때 그 노비를 대신할 사람은 성별이 같고 연령대가 비슷하며 건강한 사람이라야 했다. 이렇게 대구(代口) 조건이 까다로웠기에 아무리 속신하고 싶어도 그러지 못하는 경우가 많았다.

이런 원리를 복음에 적용하여 생각해보자. 노비를 대신하려면 그 노비와 같은 조건이어야 하니 인간을 대신하려면 그는 반드시 '인간'이라야 한다. 속의 운용 원리를 아는 사람은 예수께서 인간을 대신해 속하기 위하여 인간이 되셨다는 '성육신'의 원리를 금방 이해할 수 있다. 예수께서는 '인간'이 되어 '완전한 대속물'이 되셨다. 그것도 대가 없이 대구해주셨다. 대구속신의 원리를 음미할수록 우리는 예수께서 어떤 존재이며 어떤 일을 하셨는지 금방 이해할 수 있다.

속의 원리 중 결정권이 관장 혹은 상전에게 있다는 사실도 생각해보자. 죄에 대한 형벌을 다른 것으로 받고 원래의 형벌을 탕감할지 그리고 탕감한다면 어느 정도 해줄지는 관장에게 달려 있다. 돈을 받거나 다른 사람을 대신 노비로 받아 자기 소유의 노비를 속량해줄지 말지도 오로지 상전에게 달려 있다고 앞에서 설명했다. 죄인의 죗값은 당연히 그 죄인이 치러야 하는데, 다른 이가 대신 치르겠다고 하더라도 관장이 거절하면 그만이고, 대구속신을 하겠다고 해도 주인이 거절하면 그만이다. 그러니 관장이나 주인이 대신 받아주는 것 자체가 큰 은혜이다.

예수의 대속을 받아들이고 그것으로 죄인을 의롭다 인정해주시는 하나님의 은혜가 여기에 있다. 죄인을 위해 대신 값을 '치러주시는' 것도 은혜요, 죄인 아닌 다른 이가 죗값을 대신 치르도록 '받아주시는' 것도 은혜이다. 레위기 1:3-4에 "그 예물이 소의 번제이면 흠 없는 수컷으로 회막 문에서 여호와 앞에 기쁘게 받으시도록 드릴지니라 그는 번제물의 머리에 안수할지니 그를 위하여 기쁘게 받으심이 되어 그를 위하여 속죄가 될 것이라"라고 했다. 여호와께서 받아주셨기 때문에 속죄가 되는 것이다. 이러한 관점에서 "그리스도께서 하나님 곧 우리 아버지의 뜻을 따라 이 악한 세대에서 우리를 건지시려고 우리 죄를 대속하기 위하여 자기 몸을 주셨으니"(갈 1:4)를 읽으면 그 의미가 선명해지고 감격이 무궁해질 것이다. 하나님께서 '받아주겠다는 뜻을 품으신 것'이 크나큰 은혜요, 예수께서 '대신 값을 치러주신 것'이 크나큰 은혜이다.

마지막으로 속량이 지속되기 위한 유일한 조건을 성경의 원리와 연결해서 생각해볼 수 있다. 히브리서 6:4-6에는 "한 번 빛을 받고 하늘의 은사를 맛보고 성령에 참여한 바 되고 하나님의 선한 말씀과 내세의 능력을 맛보고도 타락한 자들은 다시 새롭게 하여 회개하게 할 수 없나니"라는 말씀이 기록되어 있다. 하나님의 자녀가 된 자는 죄의 종으로 살던 삶으로 돌아가지 않도록 성령과 동행하며 하나님의 자녀답게 살기 위해 힘써야 한다. 세상을 떠나 하나님 앞에 가는 날까지 세상과 구별된 삶, 죄에서 멀어진 삶을 살아가는 인생의 마라톤을 완주해야 하는 것이다.

속량도 마찬가지이다. 천민이었다가 양민이 된 자(그리고 그 후손)는 천민과 혼인해서는 안 된다. 그렇게 되면 다시는 어떤 방식으로도 천민 신세를 면할 수 없다. 그래서 속량한 사람은 그 점을 늘 기억해야 했다. 이전 신분과 섞이지 않아야 한다는 제한성은 구원받은 백성이 세상과 구별된 거룩한 삶을 살아야 한다는 것과 연결하여 이해할 수 있다.

신앙 선조에게 그리고 현대인에게 '속'이란

오늘날 현대인이 법 관련 일에 종사하지 않더라도 임대차보호법은 잘 알고 활용하듯 '속'이라는 법률 제도는 조선 시대 모든 계층이 매우 잘 알고 이용한 제도였다. 대한제국기에서 일제강점기 초에 성경이 우리말로 번역되었다. 조선 시대의 법률 용어인 '속'은 이 시기에도 여전히 사용되었고 사람들은 그것이 무엇인지 잘 알고 있었다. 『고종실록』에도 여전히 누구를 속한다는 내용이 등장하고 근대 신문인 「한성순보」와 「황성신문」에도 속과 관련된 기사가 자주 등장한다.

예를 들어 「황성신문」 1902년 11월 17일 기사에는 "二名(이명)을 死刑(사형)에 處(처)ᄒᆞ면 民心(민심)이 不服(불복)ᄒᆞ야 擾亂(요란)이 재생(再生)ᄒᆞᆯ 것인則(즉) 官民共同(관민공동)의 義捐(의연)을 依(의)ᄒᆞ야 十萬元(십만원)으로 贖罪(속죄)ᄒᆞ소서 ᄒᆞ얏슴으로"라는 문구가 나온다. 현대어로 다시 써보면 '두 사람을 사형시키면 백성들이 받아들이지 못하여 난리가 다시 생길 것이므로 정부와 백성이 합동으로 비용을 내어서 10만 원으로 속죄하소서 하였으므로' 정도로 풀 수 있다. 10만 원과 죄를 대등하게 바꾼다는 의미의 '속'이 여전히 사용 중인 것을 확인할 수 있다. 또 1900년대 중반부터 1910년대 중반까지 약 10년간 쏟아져 나온 수십 종의 신소설에도 종이던 사람이 어떤 일을 하는 대가로 양인이 되는 속량의 스토리가 자주 보인다. 『혈의 누』로 유명한 소설가 이인직의 『귀의 성』(1907), 『치악산』(1908) 등에 그런 이야기가 등장한다.

속은 20세기에도 일상에서 흔히 쓰는 동사 중 하나였다. 속하기 위하여 내는 돈이나 물건을 속전, 속물이라고 한다는 것은 앞에서도 말했다. 죗값에 해당하는 돈이나 물건을 관가나 상전에게 바치기 때문에 아예 우리말 단어로 '속바치다'라는 동사가 있었고 이 말이 널리 쓰였다. 예를 들어 홍명희가 1928년부터 1939년까지 「조선일보」에 연재한 소설 『임꺽정』에도 "이학년은 기묘년 조정암 옥사에 걸려서 장류를 속바치고 면하고 신사년 안처겸 옥사에 또 걸려서 처참을 당한 사람이라"라는 대목이 나온다.

이렇듯 성경이 번역되고 이 땅에 복음이 전파되기 시작하던 때에도 사람들은 속 제도와 개념을 명확히 알고 있었고 그 상태에서 복음의 내용을 들었다. 그들에게 찾아온 복음은 예수께서 대구속신을 통해 우리를 속량하셨다는 소식, 그리하여 죄인인 우리의 신분이 예수의 속으로 인하여 하나님의 자녀로 바뀌었다는 소식이었다. 이 소식은 '속'을 잘 알고 있는 그들에게 놀라운 감격으로 다가왔을 것이다.

현대인 중에는 앞서 설명한 속의 개념을 자세히 아는 사람이 드물다. 속과 관련된 용어 중 오늘날 실제로 사용되는 단어는 '속죄'뿐이며 이마저도 법적 개념이 사라진 채 '반성, 후회' 정도의 의미로 사용된다. 전근대 시기에 자주 사용된 속의 명확한 의미는 오직 성경에만 살아남아 있다. 성경은 전근대의 제도나 언어를 담고 있는 주요 연구 대상이기 때문에 언어학이나 한국학을 연구하는 사람은 성경 번역어를 중요하게 살핀다. 하지만 정작 이를 중요하게 여겨야 할 교회와 강단, 신학교에서는 우리 성경에 나오는 중요한 단어들을 제대로 살피지 않은 채 그저 '한자'라고, 이제는 '쓰지 않는 말'이라고 그래서 '고쳐야 한다'고 한다. 물론 쉽게 바꿔 써야 할 한자 단어도 있다. 하지만 어떤 단어는 고칠 것이 아니라 단절된 의미를 충분히 알려주어야 할 대상이다. 속 같은 단어는 쉬운 단어로 대치할 수 없는 개념어이므로 오히려 명확히 잘 설명하기 위해 힘써야 한다. 목회자이든 평신도이든 이러한 단어를 잘 이해한다면 성경을 더 깊게 이해함으로써 복음의 감격을 되살릴 수 있다.

그런 의미에서, 이제 앞서 설명한 것을 기억하며 성경에 나오는 용례들을 살펴본 후 이 장을 마치도록 하자.

성경에 나오는 '속'의 용례

성경 곳곳에는 '속'과 결합된 합성어가 매우 많다. 필자가 하나하나 살펴본 결과 현재 우리가 사용하는 『개역개정』을 기준으로 총 320개 절에 '속'이 나오는데 구절마다 복음의 핵심이 잘 드러난다. 속의 의미를 명확히 알게 되었으니 속과 결합된 단어들을 다음과 같이 정리하여 성경을 읽을 때마다 상기한다면 그 의미를 보다 깊게 이해할 수 있을 것이다.

◇ **속죄(贖罪), 속죄제** '속'은 값을 치르는 것으로, 죄에 대해 값을 지불하는 '속죄'와 몸(신분)에 대해 값을 지불하는 '속신'으

로 나뉜다고 했다. 속죄는 말 그대로 죄를 지어 받을 형벌에 대해 값을 치르는 것이다. 속죄는 성경에 수없이 나온다. 죗값을 치르는 의식으로 올리는 제사를 속죄제라 하고, 속죄제에 바치는 제물을 속죄제물이라고 한다. 이런 단어로 표현한 것이 성경에 많다.

다음 예를 보면 죄에 대한 값을 치르기 위해 수송아지를 바친 것을 알 수 있는데 이처럼 하나님께 죗값을 치르려고 드리는 제사를 속죄제라고 했다. 히브리서 9:12에는 하나님이 우리 죄에 대한 값을 치르셨다는 내용이 나오며 이때 값으로 지불한 것이 자기 피였다.

> 매일 수송아지 하나로 속죄하기 위하여 속죄제를 드리며(출 29:36)

> 염소와 송아지의 피로 하지 아니하고 오직 자기의 피로 영원한 속죄를 이루사 단번에 성소에 들어가셨느니라(히 9:12)

◇ **속신(贖身)** 속신은 종이 상전에게 자신의 '몸값'을 지불하여 종의 신분에서 벗어나는 것이다. 속죄는 성경 곳곳에 보이는 반면 속신이라는 단어는 한 군데도 없다. 하지만 속신이라는 단어를 쓰지 않았을 뿐 값을 치러 종의 신분에서 벗어나는 원리는 많이 나온다. "네가 히브리 종을 사면 그는 여섯 해 동안 섬길 것이요 일곱째 해에는 몸값을 물지 않고 나가 자유인

이 될 것이며"라는 출애굽기 21:2 말씀이야말로 몸값을 지불하여 종에서 양민으로의 신분 변화를 이루는 내용, 즉 속신을 말하는 대목이다.

◇ **속량(贖良)** 속신과 밀접하게 관련된 단어가 속량이다. 속량도 성경에서 자주 보이는 단어이다. 이때 '량'은 양인, 즉 종이 아닌 사람을 의미하므로 속량은 '몸값을 치러(속) 양인이 되다(양)'라는 말이다. 몸값을 지불하여 천인(賤人)에서 양인(良人)으로 신분 변화를 하는 것이다.

신분제 사회에서 이러한 변화는 매우 절실하고 대단한 것이었기에 그만큼 강조하고 또 강조할 만한 일이었다. 성경에서는 종이던 사람의 상황 변화를 말할 때 정확히 속량이라고 써주었다. 예를 들어 출애굽기 21:8에는 "만일 상전이 그를 기뻐하지 아니하여 상관하지 아니하면 그를 속량하게 할 것이나"라고 기록되어 있다.

또 이스라엘 역사상 망국으로 인한 '포로 됨'이 있었으므로 포로라는 신분에서 풀려나 '자주민, 자유인'이 된다는 의미로 속량을 쓰기도 했다.(신 7:8) "그 종 되었던 집에서 애굽 왕 바로의 손에서 속량하셨나니"라는 말씀이 바로 그것이다.

사람은 죄를 지으면 그때부터 죄의 종, 사탄의 종이 된다. 죗값을 치르기 전에는 종의 신분에서 벗어날 수 없고 죗값을 치러야만 비로소 자유인이 된다. 그래서 죗값을 치르는 부분에서도 '속하여 양인이 되다'라는 의미의 속량을 쓰기도 한다. 히브리서 9:15의 "이로 말미암아 그는 새 언약의 중보자시니 이는 첫 언약 때에 범한 죄에서 속량하려고 죽으사"라는 대목은 그런 차원에서 이해하면 된다.

◇ **속전(贖錢)** 속전은 '속'하기 위해 내는 돈을 말한다. 돈이 아니라 다른 물건으로 내면 속물(贖物)이라고 한다. 속량이 값을 치러서 양인이 되는 신분 변화라는 '결과'를 강조한 단어라면, 속전이나 속물은 속의 '방식'이 '재물'이라는 것을 강조한 단어이다. 우리 성경에서는 속물이라는 용어를 쓰지 않았으나 속전은 여러 곳에 나온다. 앞에서 인용한 출애굽기 21:11에도 속전이라는 단어가 나왔고, 시편 49:7에도 "아무도 자기의 형제를 구원하지 못하며 그를 위한 속전을 하나님께 바치지도 못할 것은"이라고 하는 등 성경 곳곳에 속전이라는 단어가 사용되었다.

◇ **대구속신(代口贖身), 대속(代贖)** 종이 자신을 대신하여 종이 될 사람을 상전에게 바치는 방식으로 값을 치러 종의 신분에서 벗어나는 것을 '대구속신'이라고 하며 이것을 줄여서 '대속'이라고 했다. 우리 성경에 대구속신이라는 용어는 나오지 않지만 대속은 사용했다. 대속은 '대신' 속한다는 표현이므로 속의 '방식'이자 '주체'를 강조한 단어이다. 구약에서는 레위인이 대속의 주체가 되었으며 이는 신약시대 예수의 대속을 상징했다. 민

수기 3:49에 "모세가 레위인으로 대속한 이외의 사람에게서 속전을 받았으니"라고 되어 있는데, 이는 레위인으로 이스라엘 장자들의 값을 치렀으므로 대속이라고 표현한 것이다. 마태복음 20:28에서는 "인자가 온 것은 섬김을 받으려 함이 아니라 도리어 섬기려 하고 자기 목숨을 많은 사람의 대속물로 주려 함이니라"라고 했다. 주께서 대속하신다는 표현은 더 깊이 묵상할수록 좋다. 출애굽기 34:20, 민수기 18:15, 욥기 33:24, 마태복음 20:28, 마가복음 10:45 등에서 대속이라는 단어가 나올 때 대속이 '대신 속하다'(대신 값을 치르다)라는 의미임을 기억하면 된다.

대속이 구속, 속량 등과 같은 의미인 줄 알고 쓰는 분이 있는데 전혀 그렇지 않다. 앞에서 설명한 대로 '속'의 하위 방식 중 하나가 대구속신, 즉 대속이다. 대속이라는 용어는 '대신'의 의미가 뚜렷할 때 쓴다. 대신이란 '생명체'로 동등한 '생명체'를 대신한다는 의미이다.

◇ **구속(救贖)** 구속도 성경에 자주 나온다. 구(救)는 '구하다'라는 뜻이고 속(贖)은 '몸값이나 죗값을 치르다'라는 뜻이다. 즉 구속은 '구원과 속죄'라는 의미의 결합이다. 죄의 값을 치르는 일은 죄로 죽은 사람을 '살리는' 일이다. 그러니 '구하다'나 '속하다'나 같은 의미를 가진 것이요, 이를 강조하기 위해 같은 의미의 글자를 겹쳐서 만든 합성어인 것이다. '싸워 이겨서 구해

내다' 또는 '주의 큰 능력으로 구해내다'는 의미가 명확할 때 그런 의미를 강조하기 위해 '구하다'[救]의 의미를 겹쳐서 만들어 낸 합성어가 바로 구속(救贖)이다. 사무엘하 7:23에 "땅의 어느 한 나라가 주의 백성 이스라엘과 같으리이까 하나님이 가서 구속하사 자기 백성으로 삼아 주의 명성을 내시며 그들을 위하여 큰 일을, 주의 땅을 위하여 두려운 일을 애굽과 많은 나라들과 그의 신들에게서 구속하신 백성 앞에서 행하셨사오며"라고 했고 역대상 17:21, 느헤미야 1:10 등에서도 구속이라는 단어를 사용했다.

어려움에서 구원하시기를 혹은 전쟁 가운데 싸워 이겨서 구원해주시기를 바라는 내용은 단연 시편에 자주 나온다. 그래서 구속이라는 단어는 시편 곳곳에 나왔었다. 하지만 한자 없이 한글로만 표기하면 현대 독자가 '행동이나 의사의 자유를 제한하거나 속박한다'는 의미의 구속(拘束)과 혼동할 수 있다는 이유로, 『성경 개역』을 『개역개정』으로 바꿀 때 '구속'으로 썼던 곳 상당수를 '속량'으로 대치해버렸다. 의도는 이해하지만 '속량'이 강조하는 '신분 변화'와 '구속'이 강조하는 '구원의 주'라는 의미는 서로 다르므로 이와 같은 대치가 반갑지는 않다.

그래도 여전히 구속이 남아 있는 부분도 있으니 이 단어의 의미도 잘 기억하면 좋겠다. '속량'이 나오면 양인, 자유인, 자주민이 된다는 신분 변화에 대해 묵상하고 '구속'이 나오면 환란이나 위험, 어려움에서 구해주시기를 간구하며 확신했던 성경 인물들을 떠올리면 된다.

◇ **속건제(贖愆祭), 속죄소(贖罪所)** 성경에는 속(贖)과 합쳐서 만든 단어가 여러 개 나온다. 건(愆)에 해당하는 특정한 허물을 지었을 때 그 허물을 속하기 위해 지내는 제사는 속건제라 한다. 이에 대해서는 다음 장에서 자세히 소개할 예정이다. '속'에 '장소'라는 단어를 합쳐서 만든 속죄소(贖罪所)도 있다. 출애굽기 30:6에는 "그 속죄소는 내가 너와 만날 곳이며"라고 했다.

◇ **속(贖)하다** 다른 글자와 합하지 않고 값을 치르다는 의미의 속을 동사로 사용하여 '속하다'라는 식으로 쓴 곳도 많다. 예컨대 요한일서 4:10에 "사랑은 여기 있으니 우리가 하나님을 사랑한 것이 아니요 하나님이 우리를 사랑하사 우리 죄를 속하기 위하여 화목제물로 그 아들을 보내셨음이라"라고 한 것이 한 예이다.

이런 식으로 '속' 하나만 제대로 이해해도 우리는 성경의 많은 내용을 이해할 수 있다.

허물의 종류를 따지는 단어, 건(愆)과 속건제

레위기 앞부분에는 하나님께서 이스라엘에게 명하신 제사의 종류와 방식이 나열되어 있다. 그중 네 번째와 다섯 번째에 나오는 제사의 이름이 '속죄제'와 '속건제'이다. 죄의 문제를 다룬다는 점에서는 같지만 이 둘은 엄연히 구분되었다. 속죄제의 '죄'는 오늘날 독자들도 잘 알고 있으니 별도의 설명이 필요하지 않을 것이다. 만약 속건제의 '건'(愆)이 무슨 뜻인지 궁금하여 한자 사전을 찾아본 독자가 있다면 '허물 건'이라는 음훈을 확인할 수 있을 것이다. 그런데 이 지점에 이르면 또 다른 궁금증이 생겨난다. "죄를 속하는 것과 허물을 속하는 것이 다를까?"

일부 학자는 속죄제와 속건제를 구분하여 설명할 때 '배상'

에 초점을 두어 속건제를 '배상 제사'라고 특징지어 말한다. 속죄제와 달리 속건제는 5분의 1의 배상을 더해준다는 점에 집중한 것이다. 그런데 사실 배상의 의미는 '건'이 아니라 '속'이라는 단어와 관련이 있다.

앞 장에서 설명했듯이 '속'은 조선 시대 내내 사용되던 것으로, 몸값이나 죗값을 지불하는 행위를 뜻하는 법률 용어이자 제도이다. 천민 신분에서 벗어나기 위해 몸값을 지불하거나 죄인 신분에서 벗어나기 위해 죗값을 지불하는 두 가지 경우가 있었고, 그 지불 방식에 몇 가지가 있다는 점은 앞서 자세히 설명했다. 속에 대한 구체적인 설명 역시 앞 장을 참조하기 바란다.

한마디로 속은 '값을 치른다'는 뜻이니 속죄제와 속건제를 구분 지을 때 주목할 점은 값을 치른다는 배상의 문제가 아니라 왜 '죄'의 자리에 '건'이라는 단어를 썼느냐이다. 이 단어의 의미를 명확히 파악하면 속죄제와 속건제를 성경에서 따로 명명한 이유를 파악할 수 있다.

'건'은 특정한 허물을 저지른 경우를 지칭하는 용어였다. '죄'가 보다 일반적이고 넓은 범위의 잘못을 포괄하는 용어라면 '건'은 특별한 잘못을 한 경우, 다시 말해 '결코 어겨서는 안 되는 절대 법칙이나 기준을 어긴 허물'에 대해서 따로 구별하여 사용한 단어였다. 조선 시대에도, 성경 번역이 시작된 근대 초기에도 이러한 건의 의미가 통용되었고, 그것에 따라 정확하게

'속건제'라는 번역어를 사용한 것이다.

'건'이라는 단어와 '불건불망'의 의미

건(愆)은 심(心)과 연(衍)이라는 두 글자가 합쳐진 한자이다. '연'은 '자라서 퍼지다'라는 뜻을 담고 있다. 즉 도에 지나도록 멋대로 퍼져가는 모양에서 '그르치다'의 뜻을 나타내는 단어가 되었다. 이런 의미에 기반하여 이 단어는 중국과 우리나라 등 한자 문화권에서 '마땅히 따라야 할 절대적인 기준과 법칙을 어기는 허물'을 뜻하게 되었다. 건의 의미가 어떻게 이해되는지는 『논어』의 "계씨"(季氏) 편인 다음 구절에서 선명하게 알 수 있다.

> 侍於君子有三愆: 言未及之而言謂之躁, 言及之而不言謂之隱, 未見顔色而言謂之瞽.
>
> 군자를 모실 때 세 가지 허물[愆]을 저지르기 쉽다. 말할 때가 아닌데 말하는 것을 '조급하다' 하고, 말할 때가 되어도 말하지 않는 것을 '숨긴다' 하고, 안색을 살피지 않고 말하는 것을 '귀머거리'라 한다.

군자를 모시는 사람이 저지르는 허물을 나열한 것인데, 그 허물이란 말하거나 침묵하거나 눈을 감는 것이 아니다. 절대 기준인 '합당한 때'를 어긴 것이 건(허물)이라고 설명한다.

건이라는 단어는 특정한 허물에 대해서만 사용한다는 점에서 용례를 중요하게 살펴봐야 한다. 한자 문화권에서 건은 항상 불건불망(不愆不忘)이라는 용례로 이해되었다. 『시경』(詩經)의 "가악"(假樂) 두 번째 노래에 "불건불망 솔유구장"(不愆不忘 率由舊章), 즉 "어기지도 말고 잊지도 말아 모두 옛 법을 따른다"라는 구절이 나온다. 맹자는 『맹자』의 "이루"(離婁) 첫 장에 이 대목을 인용하여 "시경에 '옛 법 따르기를 불건불망하라'고 했다"라 설명하고 "선왕의 법을 따르고서 잘못되는 자는 없었다"라고 덧붙여 풀이했다.

불건불망은 "어기지도 않고 잊지도 않는다" 혹은 "잘못하지도 않고 잊지도 않는다"라고 번역한다. 어기지 않는다는 것은 어떤 기준을 철저하게 따라 그것에 어긋나지 않도록 한다는 뜻이요, 잊지 않는다는 것은 어떤 기준이 있다는 사실을 기억하여 마음대로 하지 않는다는 뜻이다. 다시 말해 기준이 되는 어떤 행위를 하다가 다르게 하지도 않고, 그 기준을 잊은 채 안 하지도 않는다는 말이다. 그대로 따르면 잘못이 없고, 어기면 잘못이다. 조선 시대에 통용된 '건'은 모두 이런 의미로 사용되었다. 건이라는 한 글자만 언급해도 유학자들은 이를 모두 불건불망의 뜻으로 이해했다.

조선의 위정자들은 특히 『맹자』의 언급에 따라 불건불망을 정치철학의 기본으로 삼았다. 조선이라는 한 나라의 기반이 되는 법전인 『경국대전』 "서문"에 이러한 내용이 잘 드러나 있다.

繼自今, 聖子神孫, 率由成憲, 不愆不忘, 則我國家文明之治, 豈唯比隆於成周而已乎. 億萬世無疆之業, 當益悠久而悠長矣.

지금부터 거룩한 자손들이 완성된 법을 따라 불건불망한다면, 우리 나라의 빛나고 밝은 정치가 어찌 주(周)나라에 비교해서 융성할 뿐이겠습니까. 억만 년 무궁한 공적이 마땅히 더욱 오래도록 길이 이어질 것입니다.

선왕의 법을 절대 기준으로 하여 불건불망하는 것을 국가 경영의 핵심으로 명시한 것이다. 맹자의 말처럼 "그렇게 하면 정치도, 세상도 잘못되지 않는다"라는 확신에 찬 선언이었다.

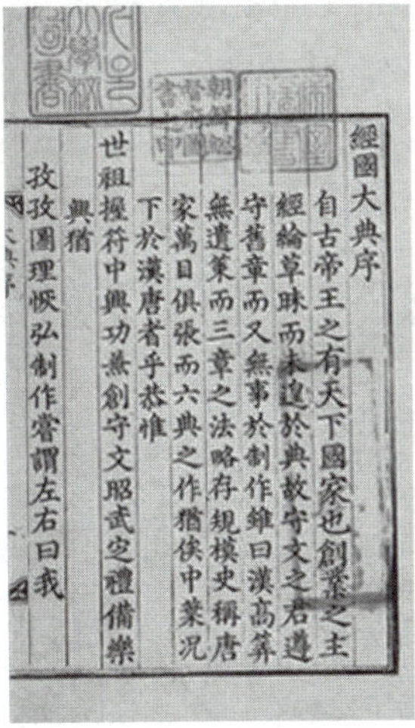

經國大典序
自古帝王之有天下國家也創業之主
經綸草昧而未遑於典故守文之君遵
守舊章而又無事於制作雖曰漢高筭
無遺策而三章之法略存規模史稱唐
家萬目俱張而六典之作猶俟中業況
下於漢唐者乎恭惟
世祖握符中興功兼創守文昭武定禮備樂
興猶
孜孜圖理恢弘制作嘗謂左右曰我

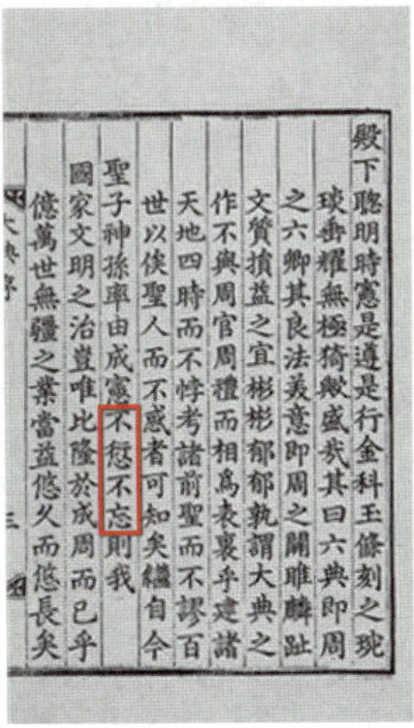

殿下聰明時憲是遵是行金科玉條刻之琬
琰垂耀無極猗歟盛哉其曰六典即周
之六卿其良法美意即周之關雎麟趾
文質損益之宜彬彬郁郁孰謂大典之
作不與周官周禮而相為表裏乎建諸
天地四時而不悖考諸前聖而不謬百
世以俟聖人而不惑者可知矣繼自今
聖子神孫率由成憲不愆不忘則我
國家文明之治豈唯比隆於成周而已乎
億萬世無疆之業當益悠久而悠長矣

• 조선 최초의 법전인 『경국대전』의 "서문" 첫 번째 부분.(좌)
• 『경국대전』 "서문" 중 '불건불망'이 서술된 부분.(우)

마땅히 따라야 할 절대 기준과 법칙

앞의 설명처럼 건은 단지 '허물'이라는 뜻이 아니라 '마땅히 따라야 할 절대 기준과 법칙을 어긴 허물'이라는 세밀한 의미를 담고 있는 용어이다. 그렇다면 마땅히 따라야 할 절대적인 기준과 법칙으로는 무엇이 있을까? 선왕의 법, 자연의 섭리, 예법, 법률로 정해지고 명시된 기한 등이 이에 해당한다. 하나하나 조금 더 설명해보겠다.

불건불망의 대상 중 대표적인 것이 '선왕의 법과 제도'이다. 여기서 선왕(先王)이라는 말은 단순히 조선 왕조에 있었던 선대 왕들만이 아니다. 중국 왕조의 선대 왕까지 포함하며 특히 중국 주나라 시대의 왕들을 가리킨다. 유학자들은 중국 주나라를 가장 이상적인 정치가 이뤄진 시기로 여겼다. 예법 또한 주나라 때의 것인 『주례』를 완성된 이상적 모범으로 삼아 조선의 예법을 정비했다. 『경국대전』 "서문"에서 기준으로 제시한 '완성된 법'이 바로 그것이다. 유교적 통치는 주나라 때 완전히 이뤄졌고, 후세는 그런 선왕의 법과 제도인 『주례』를 절대 기준으로 삼아 불건불망하는 것을 목표로 두었다.

사계절 같은 '자연의 섭리'도 불건불망의 대상이다. 예컨대 봄은 봄같이, 여름은 여름같이, 가을은 가을같이, 겨울은 겨울같이 되는 것이 절대 법칙인 것이다. 양기가 성하여 겨울이 너무 따뜻하거나 반대로 봄이 지나치게 춥다면 이는 문제이다.

씨를 뿌려야 할 때에 백성을 전쟁에 동원하지 않고 봄이면 봄에 할 일을, 여름이면 여름에 할 일을 하게 하면 문제가 없다. 『춘추좌씨전』에 언급하기를 "성인이 나라를 다스리면 겨울에 건양(愆陽)이 없고 여름에 복음(伏陰)이 없다"라고 했다. 겨울이 지나치게 따뜻해지는 현상을 '건양'이라고 표현했는데, '건'의 뜻을 알면 이 구절을 금방 파악할 수 있을 것이다. 정치가가 자연의 섭리에 따르니 온 백성이 잘못되지 않는다는 의미이다.

'예법'(禮法)도 불건불망의 대상에 해당한다. 국가가 주관하는 제례 등의 행사에는 순서나 방식 등이 정해져 있는데, 그 예법을 하나도 빠짐없이 완전하게 따라야 허물이 없는 것이다. 정해진 절차대로 해야 권위가 살고, 온갖 귀신이나 관련 인물도 서운하지 않게 된다. 각종 국가 예법을 불건불망해야 한다는 말이 자주 나오는 이유이다.

법률이나 명령으로 명시된 '기한'도 불건불망의 대상이었다. 예컨대 세금 납부 기한을 어기면 '건'이라는 단어를 사용하여 그 내용을 적었다. 기한을 어긴 허물을 건으로 표현한 예는 다음 시에서도 보인다. 이백의 시 〈고풍〉(古風)에는 "공을 이룬 뒤 몸 물러나지 않음이, 예부터 허물이 많이 되었다"(功成身不退 自古多愆尤)라는 대목이 있다. '건'이라는 단어가 '정해진 기간을 지키지 않은 허물'로 쓰이는 대표적인 용례이다. 시 한 구절에서도 건의 특정한 뜻이 명확히 드러나 있음을 확인할 수 있다.

단순히 생각하면 불건불망을 말하는 조선 시대 유학자와 위정자를 가리켜 사대주의자나 너무 옛 법에 얽매여 사는 사람들이라고 욕할 수도 있다. 하지만 그들이 불건불망을 말하고 실천하려 한 것은 정해진 의례와 삶의 예법을 지켜야만 천명(天命)이 백성에게 드러나기 때문이다. 하늘의 뜻이 왜곡되지 않고 본래의 모습대로 드러나게 하는 것이 위정자가 행해야 하는 교화(教化)의 최종 단계이다. 그들은 이러한 의례와 예법을 본래 하늘이 정해준 가장 좋은 것이라 여겼기에 이를 금과옥조(金科玉條)로 여기며 기꺼이 자발적으로 불건불망하려 했던 것이다.

불건불망의 원리와 성경

불건불망의 원리를 성경에 적용해보자. 성경이 말하는 절대적 기준이란 '하나님, 하나님이 정하신 계명, 하나님의 성물' 등을 들 수 있다. 당시 사람들은 건을 '반드시 따라야 할 절대 기준을 어긴 허물'이라 이해하고 있었으니, 성경을 처음 접한 조선인들은 성경이 말하는 건을 '하나님 혹은 하나님이 정하신 것, 하나님의 것을 어긴 허물'로 이해했을 것이 명확하다.

하나님의 명령은 사람을 얽매는 오랏줄이 아니다. 하나님이 정하신 계명을 따르라는 율법과 규례는 사람들의 삶을 얽어매는 줄이 아니라, 삶을 가능하게 하는 최소한의 기준이자 결국에는 복을 가져다주는 준칙이다. 그러므로 늘 기억하고 그것에 따라 살면 영원히 복을 누릴 수 있다. 성경에는 이와 같은 뜻이 담긴 말씀이 반복해서 나타난다.

> 여호와께서 우리에게 이 모든 규례를 지키라 명령하셨으니 이는 우리가 우리 하나님 여호와를 경외하여 항상 복을 누리게 하기 위하심이며 또 여호와께서 우리를 오늘과 같이 살게 하려 하심이라(신 6:24)

> 이 율법의 모든 말씀을 지켜 행하게 하라 이는 너희에게 헛된 일이 아니라 너희의 생명이니 이 일로 말미암아 너희가 요단을 건너가 차지할 그 땅에서 너희의 날이 장구하리라(신 32:46-47)

> 그들이 교만하여 사람이 준행하면 그 가운데에서 삶을 얻는 주의 계명을 듣지 아니하며 주의 규례를 범하여 고집하는 어깨를 내밀며 목을 굳게 하여 듣지 아니하였나이다(느 9:29)

성경이 처음 번역된 대한제국기와 일제강점기 초까지도 불건불망이라는 단어와 그 용례는 널리 통용되고 있었다. 당시에 발간되던 근대 신문에서도 이러한 용례를 찾아볼 수 있는데 예를 들어 「대한매일신보」 1908년 5월 15일 2면 1단 기사, 「황성신문」 1908년 5월 17일 1면 1단 기사, 1910년 8월 14일 2면 사설에 불건불망이 등장함을 확인할 수 있다. 신문이 일반 대중을 위해 발행되는 매체임을 고려할 때 여러 신문에 이 용어가 등장한다는 사실은 당시 대중에게 불건불망의 의미가 여전히 통용되고 있었다는 증거이다.

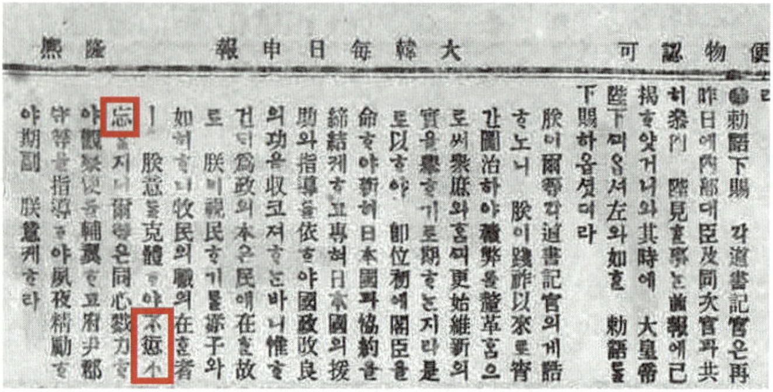
便物認可 大韓每日申報 隆熙

◉勅語下賜 각道書記官은再
昨日에內部대臣及同次官과共
히叅內 陛見ᄒᆞᆫ事ᄂᆞᆫ當報에已
揭ᄒᆞ얏거니와其時에 大皇帝
陛下씌오셔左와如ᄒᆞᆫ 勅語를
下賜하옵셧더라
朕이爾等각道書記官의게諳
ᄒᆞ노니 朕이踐祚以來로宵
간圖治하야積弊를釐革홈으
로써衆庶와ᄒᆞᆷ씌更始維新의
實을擧ᄒᆞ기로期ᄒᆞᄂᆞᆫ지라是
로以ᄒᆞ야 卽位初에閣臣을
命ᄒᆞ야新히日本國과協約을
締結케ᄒᆞ고專혀日本國의援
助와指導를依ᄒᆞ야國政改良
의功을收코저ᄒᆞᄂᆞᆫ바니惟ᄒᆞᆯ
건ᄃᆡ爲政의本은民에在ᄒᆞᆫ故
로 朕이親民ᄒᆞ기를赤子와
如히ᄒᆞ니牧民의職에在ᄒᆞᆫ者
ㅣ 朕意를克體ᄒᆞ야不愆不
忘ᄒᆞᆯ지니爾等은同心戮力ᄒᆞ
야觀察使를輔翼ᄒᆞ고府尹郡
守等을指導ᄒᆞ야夙夜精勵ᄒᆞ
야期副 朕意케ᄒᆞ라

• 「대한매일신보」 1908년 5월 15일 기사 중 '불건불망' 부분.

요컨대 조선 시대 사람들은 선왕의 제도나 법률, 예악 등의 절대적 기준을 불건불망하면 정치가 잘되고 백성이 평안하리라고 여겼기에 이를 따르려 했다. 성경의 원리도 이와 겹친다. 하나님과 하나님의 법을 따르면 살 수 있고 복을 누리게 된다. 불건불망의 의미를 아는 이에게 "하나님의 율법을 온전히 지키면 생명을 얻고 살게 된다"라는 설명은 매우 잘 이해되는 개념이었다. 성경을 처음 번역하던 시기에 '건'이라는 단어를 사용하여 '속건제'라고 명명했을 때 당시 사람들은 그 단어만으로 해당 내용을 매우 잘 이해할 수 있었다.

'건'의 의미로 보는 성경의 속건제

앞서 설명한 건의 의미를 기억하면서 속건제에 관한 성경 구절을 살펴보자. 속건제를 설명하는 대표적인 구절은 레위기 5:14-6:7이다. 15절에서는 "여호와의 성물에 대하여 부지중에 범죄하였으면" 속건제를 드리라 했고, 17절에서는 "여호와의 계명 중 하나를 부지중에 범하여도" 속건제를 드리라 했다. 여호와의 성물이나 계명이라는 절대 기준을 어긴 행위이기에 당연히 속건제를 드리라는 것이었다.

문제는 6장에 언급된 사례이다. 이웃이 맡긴 물건이나 전당물을 속이거나 도둑질하거나 착취하고도 사실을 부인한 경우(2절) 그리고 남의 잃은 물건을 줍고도 사실을 부인하여 거짓 맹세를 한 경우(3절)에 배상을 하고 속건제를 드리라고 명하고 있다. 서두에 언급했듯 일부 학자는 배상의 의미에 집중하여 하나님께 피해를 입힌 경우와 이웃에게 피해를 입힌 경우에 속건제를 드리는 것이라고 설명했지만, 건은 '절대 기준을 어긴 허물'에만 사용되는 용어이다.

6:2-3에서 말하는 사례들이 속건제를 드려야 하는, 절대적 기준을 어긴 허물일까? 그렇다. 그것은 바로 이스라엘 백성이 지켜야 할 가장 핵심적인 계명이라 할 수 있는 십계명을 어긴 것이다. 구체적으로는 "도둑질하지 말라"(8계명), "네 이웃에 대하여 거짓 증거하지 말라"(9계명), "네 이웃의 집을 탐내지 말

라"(10계명)를 어겼다고 할 수 있다.

게다가 6:2-3의 사례를 말하기 직전에 이미 그 죄가 어떠한 성격인지를 밝혀놓았다는 점도 눈여겨봐야 한다. "누구든지 여호와께 신실하지 못하여 범죄하되 곧"이라는 6:2의 첫머리는 이후에 언급하는 행위들이 바로 '여호와'에 대한 행위이며 이러한 행위는 '여호와께 신실하지 못한 것'이라고 그 죄의 성격을 규명한 대목으로 읽어야 한다. 자신이 말한 대로, 그리하여 상대방이 기대하는 대로 지키는 것이 곧 신실이며, 하나님의 절대 기준을 불건불망하는 것이 신실이다.(신실의 의미에 대해서는 이 책의 "2부 사랑 이해" 두 번째 장을 참조하라.) 2-3절에 언급되는 사례에 대해 속건제를 드리라고 명한 것은 단순히 이웃에게 끼친 피해 때문이 아니라 하나님의 절대 기준인 십계명을 어겼기 때문이라고 해석해야 한다. 1911년에 우리말로 완역된 최초의 성경『셩경젼서』로 레위기 5:15을 살펴보자.

> 만일 누구던지 허물을 범ᄒᆞ야 여호와의 거륵ᄒᆞᆫ 물건에 ᄃᆡᄒᆞ야 아지 못ᄒᆞ고 범죄ᄒᆞ엿스면 셩소의 은 셰겔을 좃차 은 셰겔노 갑슬 혜아려 양무리 즁에셔 흠 업ᄂᆞᆫ 수 양을 가져다가 여호와ᄭᅴ 쇽건졔를 드려

"허물을 범ᄒᆞ야"라고 한 것은 건(愆)을 반영한 것이요, "아지 못ᄒᆞ고(알지 못하고) 범죄ᄒᆞ엿스면"이라 한 것은 망(忘)을 반영한

것이다. 이러한 내용을 종합해 속'건'제라는 번역어를 쓴 것이다. 건이 이때까지도 불건불망의 의미로 사용되고 있었으니, 이 시기 사람들은 '속건제'만 들어도 건이라는 단어 때문에 그것이 무엇을 규정한 죄인지 명확히 알 수 있었을 것이다.

성경에는 단 한 글자도 허투루 쓰지 않았다

잘못을 의미하는 한자는 과(過)도 있고 오(誤)도 있다. 그래서 성경을 번역할 때 어떤 잘못을 표현할 단어로 '속죄제' 대신 '속과죄' 혹은 '속오죄'라는 용어를 사용할 수도 있었을 것이다. 하지만 그렇게 하지 않고 속'건'제를 선택한 것은 앞서 설명한 것처럼 건의 의미와 용례를 충분히 고려한 것이다. 우리가 가진 한글 성경은 그렇게 철저하게 한 글자 한 글자 따졌던 성경 번역자들의 수고의 결정체이다.

'건'만의 고유한 함의가 있기에 이것을 오늘날의 다른 현대어로 담아낼 수는 없어 보인다. 이해를 쉽게 한다는 차원에서 단순히 '잘못'이나 '죄'라고 대체해버리면 '절대 기준에 대한 불성실성'이라는 개념은 사라지고 만다.

한자 사용에 익숙하지 못한 현대인을 위해 성경을 보다 쉬운 말로 고쳐야 한다는 의견이 많이 나온다. 언어는 시대에 따라 변하는 것이므로 필자 또한 원칙적으로 그 의견에 동의한다. 하지만 쉬운 한글로 바꾸려 하기에 앞서 원래 단어의 정확한 의미를 먼저 살피고 그 단어가 통용되던 당시 상황과 의미를 보다 깊게 파악하기 위해 노력하는 일이 선행되어야 할 것이다.

예를 들어 마태복음 5:25인 "너를 고발하는 자와 함께 길에 있을 때에 급히 사화하라 그 고발하는 자가 너를 재판관에게 내어 주고 재판관이 옥리에게 내어 주어 옥에 가둘까 염려하라"라는 구절에서 '사화'에 주목해보자. 현대인이 거의 모를 단어라 쉬운 말로 고치자는 의견이 나올 법하다. 동의한다. 그런데 고치기에 앞서 먼저 사화가 무엇인지, 어떤 때 쓰는 것인지 먼저 살펴서 초기 번역자들이 이 대목에서 굳이 사화라는 표현을 쓴 이유를 짚어야 한다.

사화(私和)는 조선 시대 법전에서 사용하던 법률 용어이다. 즉 사화율(私和律)이 따로 있다. 법정에서 죄의 경중을 가리고 다스려야 하는데, 그런 사안을 사적인 화해로 풀어버리는 것을 사화라 한다. 예를 들어 『대전통편』의 "형전"(刑典) 살옥(殺獄) 조에는 '살인하고 뇌물로 사화한 경우'[殺獄受賂私和]에 대한 조문, 즉 "사람을 죽인 사건에서 뇌물을 받고 사적으로 화해한 자는 이 법률대로 죄를 따진다"라는 규정이 있다. 같은 법전 또 다른 조항에는 '원수를 멋대로 죽인 경우'[擅殺其讎人]에 대한 조문이 있는데, 여기에는 "자기 아버지가 살해되었는데도 관에 신고하지 않고 그 원수와 사적으로 화해하여 장례 비용을 받고, 오랜 시일이 지난 후에 그 원수를 멋대로 죽여 복수한 경우에는 복수율(復讎律)을 적용하지 않고 사화율(私和律)을 적용하여 장 1백, 도 3년에 처한다"라는 대목도 나온다.

이런 예에서 보듯 사화는 조선 시대의 법률 용어이며, 조선의 법률에서는 사화를 권한 것이 아니라 금지했다. 마땅히 죄를 규명하여 벌을 받아야 할 사람이 돈 등을 사용하여 빠져나가 법질서를 어지럽히는 것을 막고자 해서였다.

마태복음 5:25에서는 '고발하는 자, 재판관, 옥리'라는 단어를 사용하여 법률로 재판할 상황임을 명확히 말했다. 이때 당사자끼리 합의하여 재판장에 가지 않는 것이야말로 사화의 정확한 뜻이었다. 초기의 성경 번역자들이 맥락에 맞춰 정확한 단어를 쓴 것이다. 그런데 전근대 시기 법률에서 사화를 금지한 것과 달리 주님은 "사화하라"고 하여 당시 통용되던 법과 반대되는 가르침을 내리셨다. 여기에서 주님의 가르침의 특이성이 드러나며, 이러한 특이성 때문에 당시 독자들은 이 대목을 더 눈여겨보고 듣게 되었을 것이다.

이처럼 우리는 성경의 한 글자 한 글자를 이해하기 위해 최선을 다해야 한다. 바꾸려고 하는 그 단어에 현대인이 놓친 특별한 의도 혹은 특별한 문화가 있을 수 있다.

자복(自服)한 자가 받는 사죄(赦罪), 사유(赦宥)

현대인이 잘 모르는 한자어의 개념을 설명하여 복음의 이해와 설교 사역을 돕겠다고 마음먹은 후 필자는 한글 성경이 아니라 국한문 성경을 읽고 있다. 게다가 언어의 변화를 살피기 위해 오늘날 교회에서 공예배의 공식 성경으로 사용하는 『성경전서 개역개정판』(1998)이 아니라 이전 성경인 『개역한글판 간이 국한문 성경』(1968)을 읽는다. 읽다가 요즘 사람들이 잘 모르겠다 싶은 한자어가 나오면 『개정개정판 국한문 성경』(2012)과 비교해보는데, 그러면 틀림없이 그 단어는 현대인이 좀 더 이해하기 쉬운 다른 단어로 바뀌어 있다. 그렇게 바뀐 단어의 수가 상당하여, 개정 작업을 한 분들이 얼마나 큰 수고를 하셨는지 알 수 있다. 또 그렇게 많은 단어를 한

글로 혹은 좀 더 쉬운 한자로 바꾸는 상황에서도 아직 남아 있는 한자어들은, 현대인에게 조금은 생소해도 개념상 중요한 함의가 있기 때문에 더욱 잘 이해하고 설명해야겠다고 생각했다. 이런 차원에서 이번 장에서 설명할 단어는 '자복'(自服)과 '사죄'(赦罪)이다. '사유'(赦宥)도 사죄와 같은 맥락에서 쓰이는 단어이므로 함께 다루어보자.

자복(自服)해야 공식적 죄인

히브리서 9:27에는 "한 번 죽는 것은 사람에게 정해진 것이요 그 후에는 심판이 있으리니"라고 했다. 누구나 죽은 후에 심판대 앞에 선다는 것은, 인간이 꼭 죽는다는 사실만큼이나 확실하다. 이렇게 판결의 자리에 서는 것과 맥락을 같이하여 성경에는 법률 용어가 자주 사용된다. 자복이나 사죄, 사유는 모두 그런 법률 용어이다. 조선 시대 법전에도 그렇고 현대의 법전에도 자복 같은 단어가 포함되어 있다.

자복(自服)에서 복(服)은 의복을 뜻하는 명사로 알고 사용하는 경우가 많으나 서술어로 '복종하다, 항복하다, 약을 먹다' 등으로도 쓰인다. 어원학에서는 이 글자에 대해 달 월(月)이 부수이지만 사실 배 주(舟)가 부수이던 것이 후대에 잘못 옮겨져 나온 글자라고 설명한다. 왼쪽은 배, 오른쪽은 무릎 꿇은 죄인의 모습을 형상화하여 전체적으로 죄인을 배에 태워 호송하는 모습을 나타냄으로써 '복종시키다' 혹은 '항복하다'라는 뜻으로 사용하는 글자라는 것이다.

'자복'은 범죄 사실을 스스로 고백하고 복종하는 것을 말한다. 요즘 사람들은 자복보다 자백(自白)이라는 단어를 주로 사용하지만 조선 시대에는 자백을 쓰지 않고 자복이라 했다. 자백은 개항기 문서에 처음 나온 것으로 보아 근대에 새로 만들어진 번역어로 보인다. 조선 시대 문서를 번역한 글에 자백이 나오는 경우도 있지만 이는 현대인이 자복이라는 용어를 잘 모르기 때문에 그렇게 쓴 것이지, 원문에 그렇게 쓰여 있는 것은 아니다.

조선 시대에 어떤 혐의를 받는 사람이 관에 잡혀 오면 반드시 자복을 받아 그의 죄를 정해야 형벌의 정도를 결정할 수 있었다. 자복을 받지 않은 채 형을 집행하면 불법이었다. 억울한 사람이 없게 하기 위한 법적 제도였던 것이다. 예를 들어 정조 초기에 나온 법전인 『대전통편』의 "형전"(刑典) 살옥(殺獄) 조에 '미치고 실성한 자가 살인한 경우'[顚狂失性殺人]에 대한 규정이 있다. 실성한 자뿐 아니라 귀머거리, 벙어리가 살인을 한 경우까지 같은 규정을 적용하라고 나오는데, 이들은 "추문(推問)할 방법이 없다고 하여 자복을 받지 않고 곧바로 먼저 처단하는 것은 상법(常法)에 어긋나므로" 사형을 내리지 않고 감하여 유배를 보내라고 되어 있다. 누구나 자복을 하고 나서야 형을 확정하도록 하고, 근본적으로 자복하지 못할 사람이면 형을 낮추기까지 할 만큼 자복의 원리를 지키려 했다. 다른 누구도 아닌 자신의 입과 언어로 자신의 행위를 말하도록 하는 것은 각자에게 주어진 보호 장치요, 의무 사항이기도 한 것이다.

혐의가 있는 사람을 잡아오면 추문을 하여 자복을 받는다. 참고로 추문은 문초(問招)나 심문(審問)이라는 말과 같다. 그렇게 자복한 것을 기록하고, 기록 끝부분에는 자복한 사람이 수기(手記), 즉 요즘 말로 자필 서명을 한다. 대체로 '너무 오래 속이고 자백하지 않은 것이 미안하다'라는 뜻으로 '늦을 지', '늦을 만' 자를 써서 지만(遲晩)이라고 쓰기 때문에 죄인이 자복할 때 쓰는 문서 자체를 지만(遲晩)이라고 하기도 한다. 수령이 죄인에게서 자복하는 공초(供招, 요즘 말로 기록 문서)를 받으면 이 지만 공초를 관찰사에게 올린다. 관찰사는 이것을 확인하여 확실하면 그대로 처리하고 '~했을지도 모른다'는 식으로 써서 명확하지 않으면 '늦게 자복해서 미안하다'는 글자에 걸맞게 확실하게 다시 쓰라고 돌려보내기까지 한다. 그렇게 하여 공초가 완성되면 이 기록은 공식 문서가 되어 법적 근거가 된다. 말이 좀 우습지만 그렇게 하고 나서야 '공식적'으로 '죄인'이 된다.

자복의 대상

성경에도 '자복하라'는 말이 자주 나온다. '자복'은 구원 문제와 관련되기 때문에 더욱 중요하게 생각해봐야 할 단어이다. 사람은 성령의 감화로 죄를 인식한다. 그리고 자신의 죄를 자복하며 용서를 구한다. 그러면 주께서는 그의 죄를 사하시고 구원해주신다. 그렇게 구원받은 사람은 성령의 인도하심을 받아 평생 주와 동행하게 된다.

자복과 회개(悔改)를 같은 단어라고 여기는 사람이 많은데 사실 그렇지 않다. 국어사전만 보더라도 회개는 "살아온 삶이 잘못되었음을 자각해 죄인임을 반성하고 그로부터 벗어나려는 뜻을 세워 새로운 생활로 들어가는 일"을 말한다. 구분하여 말하자면 이 설명 중 앞부분('살아온 삶이 잘못되었음을 자각하여 죄인임을 반성하는 것')이 자복이고, 뒷부분('벗어나려는 뜻을 세워 새로운 생활로 들어가는 것')이 회개이다. 자복은 '고칠 개(改)'의 의미를 강조하는 단어이다. 그러므로 자복한 이후에 이를 철저히 고치는 회개의 과정을 거치지 않는 이가 없도록, 자복과 회개는 같은 단어가 아니라 단계별 과정으로 접근하는 것이 좋다.

현대 법에도 자복이라는 항목이 있는데 조선 시대 법에 사용된 자복과는 의미가 조금 다르다. 오늘날의 법에서는 친고죄를 범한 자가 피해자에게 자발적으로 자기의 범죄 사실을 고백하는 것을 '자복'이라 하고, 수사기관에서 범죄 사실을 진술하는 것을 '자백'이라고 한다. 친고죄는 모욕죄나 사자명예훼손죄 등 피해자의 고소가 있어야 공소를 제기할 수 있는 범죄이니,

현대 법률에서 자복은 특정 부분에서만 사용되는 단어라고 하겠다. 성경에는 자복이라는 단어가 여러 곳에 나오는데 그 자복의 대상은 모두 하나님이다. 오늘날의 법에서는 '피해자'에게 범죄 사실을 고백하는 것이 자복일진대 하나님께 자복한다는 것은 하나님께 죄를 지었다는 의미이다. 모든 죄는 '하나님께' 짓는 것이라는 인식이 성경에 들어 있는 것이다. 이러한 사실을 늘 인식하고 산다면 사회에서 다른 사람과 관계를 맺으며 살 때에 어떻게 살지 새롭게 인식할 수 있다. 약하고 힘없고 병들고 갇힌 자에게 함부로 하는 죄가 모두 하나님께 짓는 죄라면 어떻게 그들을 대해야 할지 새롭게 생각하지 않을 수 없다. 그래서 신자들의 생활윤리는 세상 일반인의 생활윤리와 다른 것이다.

> 그들이 나를 거스른 잘못으로 자기의 죄악과 그들의 조상의 죄악을 자복하고(레 26:40)

> 그러므로 여호수아가 아간에게 이르되 내 아들아 청하노니 이스라엘의 하나님 여호와께 영광을 돌려 그 앞에 자복하고 네가 행한 일을 내게 알게 하라(수 7:19)

> 믿은 사람들이 많이 와서 자복하여 행한 일을 알리며(행 19:18)

죄인에게 내리는 은혜: 사(赦), 사죄(赦罪), 사유(赦宥)

죄인과 관련해 복음에서 아주 중요한 부분이 '사하심'이다. '사죄'라는 단어로 설명해보자. 사죄라 하면 현대인은 사과하는 일을 떠올릴 것이다. 이런 경우에는 사과하다 사(謝) 자를 사용하여 사죄(謝罪)라 한다. 하지만 성경에서 말하는 사죄는 사죄(赦罪)라고 쓰는 단어이다. 전자가 잘못에 대해 상대편에게 용서를 비는 것이라면, 후자는 죄를 용서해 놓아주는 것이다.

사(赦)는 '용서하다, 풀어주다, 탕감하다'라는 뜻의 글자이다. 이 글자는 다른 글자와 결합하여 다양하게 사용된다. 예를 들어 죄(罪)와 합쳐서 '사죄'라 쓰고, 명령을 뜻하는 령(令)과 결합하여 '사령'이라 쓰고, '너그럽다 혹은 용서하다'라는 뜻의 유(宥)와 결합하여 '사유'라고 쓴다. 현대에는 '벗어나다 혹은 면제하다'라는 뜻의 면(免)과 합쳐서 '사면'이라 쓰며, 대통령의 특별사면 등의 용례가 있다. 사면(赦免)은 자복과 같이 근대 개항기 이후에 새로 만들어진 번역어로, 조선 시대에는 사유(赦宥)라고 했다. 성경에도 '사하심, 사죄'와 함께 '사유'라는 표현이 나온다. 사죄는 '죄를 사하다'라는 술목 구조의 단어이고 사유는 '용서하다'라는 뜻을 가진 두 글자를 나란히 반복해서 쓴 병렬 구조의 단어로, 두 단어의 의미는 같다.

주는 계신 곳 하늘에서 들으시며 사유하시되 각 사람의 마음을 아시

오니 그의 모든 행위대로 갚으시옵소서 주만 홀로 사람의 마음을 아심이니이다(대하 6:30)

주와 같은 신이 어디 있으리이까 주께서는 죄악과 그 기업에 남은 자의 허물을 사유하시며 인애를 기뻐하시므로 진노를 오래 품지 아니하시나이다(미 7:18)

사유는 조선 시대에 널리 사용된 통치 제도로, 사람의 맺힌 마음을 위로함으로써 천재지변을 그치게 하거나 경사 때에 축하하기 위한 목적으로 널리 사용했다. 조선 초기부터 관례적으로 이 제도를 사용했다가 영조 이후부터는 아예 법제화했다. 정조 초기 법전인 『대전통편』부터 이 제도가 사령(赦令)이라는 항목으로 자리잡고 이에 대한 세부 법령이 규정되었다.

사유의 명령, 즉 사령은 오직 최고 통치권자인 임금 고유의 권한이며 일단 사령이 내려지면 그 죄인은 형벌의 경중이나 복역 기간에 상관없이 그날로 즉시 사함을 받는다.

그런데 사령이 내려지면 죄인은 복역 기간에 상관없이 사함된다는 말을 뒤집어서 생각해보면 사령이 내려질 때 아직 죄인으로 확정되지 않은 사람은 사령의 범위에 포함되지 못한다는 말이기도 하다. 앞에서, 자복하여 지만 공초까지 작성해야 '공식적으로' 죄인이 됨을 설명한 것이 바로 이 점 때문이다. 죄를 짓고도 자기가 하지 않았다고 버티면서 심문만 받는 상황이라면 그는 아직 죄인으로 확정되지 않았기에 왕이 사유의 명령을 내려도 그 사령의 범위 안에 들지 못한다. 오직 죄인으로 확정된 사람에게만 사유의 명령이 효력이 있다.

조선 시대에 시행된 이 사유 제도의 존재와 운용 사례를 안다면 성경의 사하심, 사죄, 사유 등의 단어와 원리를 생각하는 데 많은 도움을 얻을 수 있다.

최고 통치권자만 할 수 있는 사(赦)

사(赦)의 결과는 죄로 인한 형벌로부터의 '해방, 놓임'이다. 누가 사할 수 있는가? 최고 권위자만 사죄를 선언할 수 있다. 가령 "사유하심이 주께 있음은 주를 경외하게 하심이니이다"에서 '사유하심'(시 130:4)으로 번역된 히브리어는 סָלַה(살라흐)로 출애굽기 34:9, 민수기 14:19 등 구약에서만 46회 사용되었는데, 모두 하나님과 연관하여 사용되었을 뿐 사람들 간 용서에 대해서는 한 번도 사용되지 않았다. 사죄는 오직 하나님으로부터 오는 것이다.

우리는 성경에서 '사'의 용례를 많이 볼 수 있으며 특히 '누가 사할 수 있는가?'에 집중할 때 각 구절에서 큰 감동을 얻게 된다. 여호와께서[레 6:7, 삼하 12:13, 시 32:5, 사 6:7(주의 천사)] 그리고 예수께서(마 11:25, 눅 5:17-24, 히 10:18) 사하셨다. 예수는 참 재판장인 하나님이시다. 그래서 공생애 기간 동안 일부러 죄를 사하는 권세를 보여주기도 하셨다.

> 예수께서 그들의 믿음을 보시고 이르시되 이 사람아 네 죄 사함을 받았느니라 하시니 서기관과 바리새인들이 생각하여 이르되 이 신성모독 하는 자가 누구냐 오직 하나님 외에 누가 능히 죄를 사하겠느냐 예수께서 그 생각을 아시고 대답하여 이르시되 너희 마음에 무슨 생각을 하느냐 네 죄 사함을 받았느니라 하는 말과 일어나 걸어가라 하는 말이 어느 것이 쉽겠느냐 그러나 인자가 땅에서 죄를 사하는 권세가 있는 줄을 너희로 알게 하리라 하시고 중풍병자에게 말씀하시되 내가 네게 이르노니 일어나 네 침상을 가지고 집으로 가라 하시매(눅 5:20-24)

사유를 받을 수 있는 사람과 없는 사람

사유의 명령이 내려지면 그 죄인은 형벌의 경중이나 복역 기간에 상관없이, 아무런 단서 없이 그날로 즉시 사함을 받는다. 10년을 복역한 사람도, 막 유배형을 받아 유배지로 가고 있는 사람도 사유의 명령이 내려지면 동일하게 그 즉시 사유된다.

자복을 해야 공식적으로 죄인이 된다는 설명을 떠올려보자. 그리고 형벌의 경중에 상관없이 사유의 명령이 내려지면 그 즉시 모두가 사함을 받는다는 설명도 떠올려보자. 성경의 내용과 연결 지어 생각하면 여기에 은혜가 있다. 성경에서 가르치기를, 자복하며 죄인으로서 주 앞에 나아가 회개하면 용서를 받는다. 자신의 입으로, 자기의 표현으로 자신이 지은 죄를 말하는 자가 용서와 구원의 큰 은혜를 입는다. 자복하지 않고, 자기는 죄가 없다 우기며 숨기는 사람에게는 사함의 은혜가 내리지 않는다. 주님은 오직 우리에게 자복하기를 요구하신다. 죄의 크기나 죄 지은 기간 등에 관한 한계 규정은 전혀 없다. 오직 자복하는 자에게 주께서는 사함을 주신다.

> 자기의 죄를 숨기는 자는 형통하지 못하나 죄를 자복하고 버리는 자는 불쌍히 여김을 받으리라(잠 28:13)

> 내가 이르기를 내 허물을 여호와께 자복하리라 하고 주께 내 죄를 아뢰고 내 죄악을 숨기지 아니하였더니 곧 주께서 내 죄악을 사하셨나이다(시 32:5)

사유의 명령이 내려져도 예외적으로 사유를 받지 못하는 자가 있었다. 십악(十惡)에 해당되는 죄를 지은 사람은 사령이 내려져도 대상에서 제외되었다. 여기서 '십악'이란 중국 명(明)나라의 기본 법전인 『대명률』에서 정한 열 가지 큰 죄를 말하는데, 조선에서도 『대명률』의 십악 부분을 그대로 적용하여 십악으로 규정했다. 예를 들어 나라를 망하게 하는 일을 꾀한 모반, 사람을 죽이되 손발을 사르거나 태우거나 하여 신체를 훼손한 경우 같은 부도, 백성이 소속 관장을 죽이거나 군졸이 자기 상관을 죽인 경우 같은 불의, 근친상간한 경우인 내란 등의 죄는 십악에 해당되는 큰 죄라 하여 사유를 받지 못했다.

성경에도 사하심을 받지 못하는 죄에 대한 언급이 있다. 예수는 자신과 자신의 사역에 대해 "더러운 귀신 바알세불에 들렸다"라고 하며 의도적으로 대적한 서기관들을 두고 일명 '성령 훼방죄'에 대해 말씀하셨다.

주님을 받아들여 성령이 거하시는 성전 자체가 된 그리스도인은 성령을 의도적으로 모독하고 거부하는 일을 행할 수 없지만, 변심하거나 넘어져 세상을 향해 가지 않도록 주의하기 위해 다음 말씀을 기억하면 좋겠다.

> 누구든지 성령을 모독하는 자는 영원히 사하심을 얻지 못하고 영원한 죄가 되느니라(막 3:29)

자복과 사죄, 사유의 원리는 그리스도인이 세상에서 어떻게 살 것인지를 다시금 떠올리게 한다. 모든 죄는 하나님 앞에 지은 것이니 세상에 살면서 누구를 대하든지, 어떤 일을 하든지 하나님을 떠올리고 그분 앞에서 늘 자복하며 죄인으로서 은혜를 구해야 할 것이다. 자복해야 죄인이요, 죄인이 되어야 사유의 은혜를 받을 수 있다. 사함의 원리를 기억하며 늘 깨어 있는 그리스도인이 되면 좋겠다.

2부 / 사랑 이해

犧牲

육체의 생명은 피에 있음이라 내가 이 피를
너희에게 주어 제단에 뿌려 너희의 생명을 위하여
속죄하게 하였나니 생명이 피에 있으므로
피가 죄를 속하느니라 (레 17:11)

信實

그런즉 너는 알라 오직 네 하나님 여호와는
하나님이시요 신실하신 하나님이시라
그를 사랑하고 그의 계명을 지키는 자에게는
천 대까지 그의 언약을 이행하시며
인애를 베푸시되 (신 7:9)

사/랑/ 이/해

기독교를 사랑의 종교라 한다. 하나님은 '사랑이 많으신 분'이 아니라 '사랑'이시다. 성경에 쓰인 몇 단어만 제대로 이해한다면 사랑이신 하나님을 좀 더 실감나게, 뼈저리게 느낄 수가 있다.

'희생'(犧牲)이라고 하면 요즘은 '자기 권리를 포기하는 것'이나 '핍박받는 것'을 생각한다. 하지만 본뜻은 그게 아니다. 제사에는 반드시 '피'가 있어야 했다. 제사에 제물로 바쳐지는 살아있는 동물을 희생이라 한다. 주님은 우리 죄를 속하는 제사에 바쳐지는 '희생'이 되심으로써 당신의 사랑을 표현하셨다.

우리는 하나님을 '신실(信實)하신' 하나님이라고 말한다. 신(信)은 사람 인(人)에 말씀 언(言) 자가 합쳐진 것이다. 즉 '신'이란 사람의 관계에서 말한 대로 이루는 것과 관련되어 있다. 말한 대로 이루시는 능력에, 우리를 위하시는 하나님의 사랑이 담겨 있다.

잠깐 머무는 곳과 계속 눌러살 곳은 전혀 다르다. 이것을 표현하는 한자도 다른데 '거'(居)와 '류'(留)가 그렇다. 이 두 단어를 사용한 성경 구절을 살펴보면 우리를 사랑하셔서 우리 가운데 계속 사신다는 주님의 놀라운 사랑을 알 수 있다.

'희생(犧牲)되셨다'가 아니라 '희생이 되셨다'

신실(信實)하신 하나님

거(居)와 류(留)의 차이

'희생(犧牲)되셨다'가 아니라 '희생이 되셨다'

'희생'(犧牲)은 조선 시대뿐 아니라 현재에도 널리 쓰이는 단어이다. 하지만 이 단어 역시 본래의 의미와 용례가 오늘날 온전히 전해지지 못한 채 일부만 전달되었다. 19세기 말에서 20세기 초 성경이 처음 번역될 당시에는 이 단어의 의미가 온전히 살아 있었다. 그래서 성경에도 그것의 의미가 명확하고 생생하게 담겼다.

요즘에는 희생을 '권리의 포기' 혹은 '억압이나 핍박을 받음' 정도의 의미로 사용하지만 이것은 희생이라는 단어에서 비유적으로 파생된 이차적 의미일 뿐이다. 또 '희생'과 '제물'을 동일시하며 후자로 전자를 대치하려는 경향이 짙어지고 있다. 하지만 희생은 제물에 비해서 특정한 의미가 훨씬 강조된 단어이다.

성경에서 희생이라는 단어는 '보혈, 속죄'와 연결되어 그리스도의 핵심 사역을 드러낸다. 그러므로 선불리 없애거나 대치하기보다는 그 안에 담긴 의미를 명확히 이해하기 위해 노력해야 할 것이다.

단색의 가축, 희생

희생(犧牲)은 한마디로 천지종묘(天地宗廟) 제사 때 제물로 바치는 살아 있는 짐승을 일컫는 말이다. 단어 하나하나의 의미를 명확히 파악하기 위해 『상서주소』(尙書注疏)를 인용해보겠다.

> 저절로 와서 취하는 것을 양(攘)이라 하고, 색깔이 순색인 것을 희(犧)라 하고, 몸체가 완전한 것을 전(牷)이라 하고, 소·양·돼지를 생(牲)이라 하고, 그릇에 담긴 것을 용(用)이라 한다.[1]

먼저 희(犧)는 뜻을 나타내는 소[牛]와 음을 나타내는 희(羲)가 결합된 형성문자인데 인용문에서 볼 수 있듯이 뜻 부분인 '소'는 털색을 규정하는 단어이다. 그리고 생(牲)은 뜻 부분인 소[牛]와 음 부분인 생(生)으로 구성되는데 인용문에서 명확히 보이듯 소를 포함한 가축을 통틀어 부르는 말이다. 결국 희생이란

---

1 『尙書注疏』 10권, 「商書微子」 第十七의 [傳]: "自來而取曰攘, 色純曰犧, 體完曰牷, 牛羊豕曰牲, 器實曰用."

제사 때 제물로 바치는 '순전한 단색의 가축'이라는 뜻이다.

제사에는 야생의 동물이 아니라 가축을 쓴다. 가축은 누가 어떻게 키워서 바치는지, 또 흠이 있는지 없는지를 알 수 있기 때문이다. 이것은 더 말할 필요가 없다. 좀 더 눈여겨볼 것은 '단색'이어야 한다는 점이다. 동양권에서는 전통적으로 다섯 방위의 색인 오방색(五方色, 황청백주흑)을 정색(正色)이라 하고, 여기에 무엇이 섞인 색을 간색(間色, 녹벽홍자유)이라 한다. 같은 붉은 계통의 색이라도 주색(朱色)은 정색이고 자색(紫色)은 주색에 다른 것을 섞은 간색이다. 동양권에서는 정색을 귀한 것으로 여기고 간색은 천한 것으로 여겼다. 예를 들어 『시경』의 "패풍"에 〈녹의〉(綠衣)라는 시가 있는데, 이 시는 "녹혜의혜(綠兮衣兮)여 녹의황리(綠衣黃裏)로다"라는 구절로 시작한다. '녹의황리'는 녹색 저고리에 황색 속옷이라는 말이다. 저고리는 위에 입는 옷, 속옷은 아래에 입는 옷인데 위에 입는 옷이 간색인 녹색이고 아래에 입는 옷이 정색인 황색이니 첩이 존귀해지고 정실부인이 비천해졌음을 비유한 노래이다. 나라를 다스리는 자가 여색에 빠져 주어진 임무를 제대로 수행하지 않는 경우 정실부인을 정색으로, 첩실을 간색으로 비유하여 비판한 것이다. 이 사실에서 알 수 있듯 아무것도 섞이지 않은 순색은 귀한 것, 비슷한 계열이라도 무언가 섞인 색은 천한 것으로 여겼다.

희생에서는 얼룩진 가축을 절대 쓰지 않는다. 공자가 중궁

(仲弓)이라는 사람에 대해 평하면서 "얼룩소의 새끼가 색깔이 붉고 또 뿔이 바르게 났다면 사람들이 비록 제사에 희생으로 쓰지 않으려 하더라도 산천의 신(神)이 버려두겠느냐?"(『論語』의 "雍也": 子謂仲弓, 曰 "犂牛之子, 騂且角, 雖欲勿用, 山川其舍諸?")라고 말한 대목이 있다. 개인의 능력이 확실하면 어떤 일이 있어도 결국 세상에 쓰이게 된다는 말이다. 여기에서 희생에 쓰이는 짐승을 예로 들었는데 즉 '얼룩지지 않고 단색으로 붉으니' 희생으로 쓴다고 했다. 이처럼 '순전한' 가축만 희생이 될 수 있다.

희생은 제사를 위한 도구가 아니라 제사의 본질

희생은 제사에 쓰이는 하나의 도구에 불과한 게 아니었다. 또한 희생을 바치는 일은 제사를 지낼 때 이뤄지는 하나의 행위에 불과한 것도 아니었다. 희생은 제사의 본질적 요소이고 주요한 의절이었으며 이러한 희생으로 제사가 결국 완결되었다.

제(祭)의 어원을 따져보면 제는 곧 희생과 같은 말로 받아들여졌음을 알 수 있다. 중국의 가장 오래된 자전(字典)인 『설문해자』(說文解字)에서는 "제(祭)는 사(祀)이다. 시와 인간의 손과 고기로 시행한다"(祭, 祀也, 從示從又從肉)라고 했다. 여기서 시(示)는 신격을 나타내고, 우(又)는 사람의 손을, 육(肉)은 고깃덩어리를 말한다. 즉 '제'는 인간이 고기를 손에 들고 신께 바치는 모습을 형상화한 것이다. 제사에는 신과 사람과 희생이 반드시

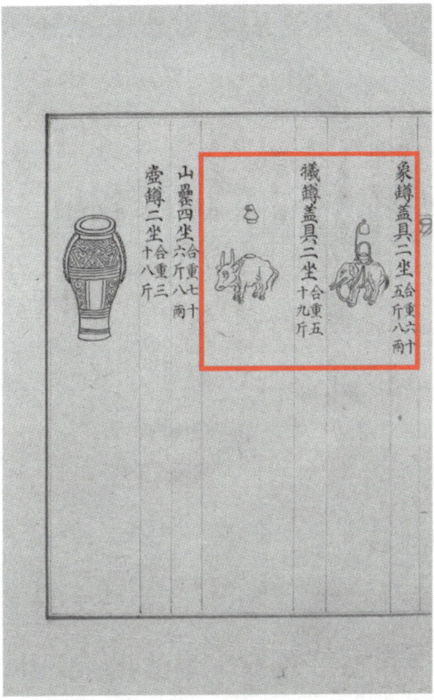

• 소의 모양을 본뜬 제기인 희준(犧尊)

• 코끼리의 모양을 본뜬 제기인 상준(象尊)

• 『헌종국장도감의궤』(憲宗國葬都監儀軌, 1850) 중 제사에 쓰이는 그릇을 설명한 부분.
맨 오른쪽이 상준이고 가운데가 희준이다.
제사에서 '희생'이 필수라는 사실은 제기에도 잘 드러나 있다.

필요하다는 사실이 제자(制字) 원리 자체에 들어 있다. 그래서 동양권에서는 예부터 '제사'라 하면 '희생을 쓰는 것'이 당연하게 받아들여졌다.

국왕이 친히 제사를 주관하는 경우 길일이 정해지면 왕은 목욕재계를 마친 후 직접 나가서 희생이 온전한지 살펴야 했다. 희생을 위해 단을 설치하는 장소나 방향은 명확하게 규정되었고, 언제 누가 어떤 동선에 따라 희생을 끌고 나가며 어떻게 희생을 살피고 칼을 들어 희생을 잡을지, 또 잡은 후 털과 피를 어떻게 처리할지, 어떻게 고기를 올리는지 그 순서와 방식까지 모두 명확히 규정되었다. 다시 말해 희생은 단지 제사의 도구나 제사 중 이뤄지는 일부 행위가 아니라 제사의 본질이요, 완성이었다.

제사의 격(格)은 희생의 종류로 결정

제사의 격(格)은 제사를 올리는 대상과 제사를 주관하는 제주(祭主)가 누구냐에 따라 나뉘었다. 각 제사는 그것의 중요도나 규모에 따라 대사(大祀), 중사(中祀), 소사(小祀) 등으로 나뉘었다. 격이 높은 제사일수록 격이 높은 희생을 썼다. 다른 말로 희생의 종류와 수를 보면 그 제사의 격을 알 수 있었다.

조선 시대의 국가 제사에 대해 규정해놓은 『국조오례의』를 보면 왕이 직접 주관하는 제사와 대리인을 보내 드리는 제사 등에 희생이 어떻게 달리 쓰이는지에 관한 모든 것이 적혀 있다. "사직단(社稷壇)에 친제(親祭)할 적에는 소 한 마리, 양 네 마리, 돼지 네 마리를 쓰고, 대리 행사[攝事]할 적에는 소 한 마리, 양 한 마리, 돼지 네 마리를 쓰며…"라고 하여 격에 따른 희생의 종류와 규모가 상세히 규정되어 있다. 그러니 소, 양, 닭, 개, 돼지 등 여섯 종류의 가축 중 어느 가축이 희생이 되느냐를 보면 그 제사의 격을 알 수 있었다. 이 중에서 가장 격이 높은 것은 소였다. 그래서 희생(犧牲)이라는 단어의 뜻 부분을 '소'[牛]로 표시하기도 했을 것이다.

희생은 '피를 지닌 날것'

희생에서 중요한 것은 그것이 '죽은 고기'가 아니라 '피를 지닌 날것'이라는 사실이다. 그래서 희생 제사를 다른 말로 혈식(血食)이라고도 한다. 희생에서 혈, 즉 피가 중요한 것은 그 생기로 신에게 접속한다고 믿었기 때문이다. 『주자어류』(朱子語類)에 "제사에 혈육(血肉)을 쓰는 것은 대개 그 생기(生氣)에 의지하기 위함이다"라는 대목도 있고, 『사기』(史記) 중 "귀협전"(龜筴傳)에 "봄에 점칠 때에 계란 위에서 괘를 펼치는 것은 곧 생기를 거기에 접속하려는 것이다"라는 설명도 있다. "귀협전"의 설명에 따르면 옛날에 제사를 지낼 때는 신위나 초상화를 놓는 것이 아니라 아예 어린아이, 즉 시동(尸童)을 세웠는데 그것 역시 산 사람의 생기로 귀신과 접속하려 했기 때문이다. 생명의 근원인 피의 기운이 신과 인간을 연결해주는 매개체가 된다고 믿었기에 '피를 지닌 날것'인 가축을 희생으로 쓴 것이다. 그러니 제사 때 육고기를 쓴다고 말할 것이 아니다. '피를 지닌 살아 있는 짐승'을 쓴다고 말해야 한다.

종합해보면 희생은 제사 때 제물로 바치는 살아 있는 가축으로, 얼룩지지 않은 한 가지 색의 순전한 가축이다. 제사라는 단어의 어원이 곧 희생이라고 할 수 있을 만큼 희생은 제사의 본질적인 요소이다. 제사는 희생을 준비하여 바치는 과정으로 이루어지기 때문에, 희생은 제사의 한 도구라기보다 제사의 본질이며 제사를 완성하는 것이다. 제사를 혈식(血食)이라고 부를 만큼 희생에서는 죽은 고기가 아니라 피를 지닌 살아 있는 생명이라는 사실이 핵심이다. 피의 생기가 신과 인간을 연결해준다고 믿었던 것이다.

희생의 원리로 보는 성경

희생이라는 단어에 얽힌, 한자 문화권에서의 의미와 희생의 원리를 이해하는 일은 예수 그리스도의 사역을 이해하는 데에 결정적으로 기여할 수 있다. 그래서 유교적 제사 원리에 불과한 것처럼 오해되는 희생이라는 단어가 그리스도인에게 중요하다.

그전에 잠깐 구별할 것이 있다. 한자 문화권은 물론이고 고대 근동 지방에서도 희생을 썼다. 그러한 희생 제사를 드린 이유는 제사 올리는 이의 간절한 소원을 정성껏 표현하기 위함이었다. 하지만 성경의 원리는 전혀 다르다. 하나님께서 제정하신 속죄의 원리이기 때문에, 즉 하나님께서 속죄의 방식으로 '피뿌림'을 지정하셨기 때문에 희생의 '피'가 중요한 것이다. 레위기 17:11 말씀에서 명확히 드러나듯 성경에서 희생 제사는 희생의 피로 이뤄지는 '속죄'를 의미했다.

육체의 생명은 피에 있음이라 내가 이 피를 너희에게 주어 제단에 뿌려 너희의 생명을 위하여 속죄하게 하였나니 생명이 피에 있으므로 피가 죄를 속하느니라(레 17:11)

희생을 쓰는 본질적인 이유는 전혀 다르지만 희생의 조건이나 쓰는 방식 등에서는 고대로부터 내려오는 희생 제사의 원리와 성경의 원리가 매우 유사하다. 그래서 희생의 원리를 잘 이해하는 사람일수록 피를 통한 속죄와 화목의 원리도 이해하기 쉽다.

기독교 복음의 위대함은 그 속죄와 화목의 사역을 하나님의 아들인 예수께서 직접 하셨다는 사실에 있다. 그 대속의 은혜가 참 기독교 복음의 핵심이다. 예수께서 누구이시며 그분께서 하신 대속 사역의 원리가 어떠한지 이해하는 데에 '희생'만큼 유용한 단어가 없다.

앞에서 희생은 색이 섞이지 않은 단색의 순전한 짐승이어야 하고, 피를 지닌 살아 있는 희생을 드림으로써 제사가 완성된다고 했다. 성경 곳곳에서 메시아를 가리켜 '흠 없고 순전한' 어린양으로 설명한다. 앞서 설명했듯이 희생이라는 단어 자체가 얼룩이 아닌 순색이라는 뜻을 지녔다.

희생으로 쓰이는 가축의 종류가 무엇이냐를 보면 제사의 격을 알 수 있다고도 했다. 귀한 희생이 사용될수록 격이 높은 제사이다. 하나님의 외아들 예수께서 직접 희생이 되셨다. 예수께서 희생이 되신 제사보다 더 격이 높은 제사가 어디 있겠는가! 그러니 예수께서 희생이 되어 드려진 제사는 과거나 현재나 미래의 모든 죄까지 대속하는 완전한 제사, 최고 격의 제사라는 사실이 쉽게 받아들여진다. 이런 것을 생각하면 다음 성경 구절이 명확히 이해된다.

> 너희가 알거니와 너희 조상이 물려 준 헛된 행실에서 대속함을 받은 것은 은이나 금 같이 없어질 것으로 된 것이 아니요 오직 흠 없고 점 없는 어린 양 같은 그리스도의 보배로운 피로 된 것이니라(벧전 1:18-19)

제물과 희생의 구분

신약성경에서는 예수께서 한 일을 '희생'으로 설명하고 있다. 예수께서 희생이 되셨기에 죄인인 인간이 그 피로 죗값을 치렀고, 그래서 의인이라 불리게 된 인간은 완전하신 하나님과 화목하며 교제를 누리게 된 것이다. 앞서 설명한 것처럼 제사를 혈식이라 부를 만큼 동양 문화권 사람들은 희생에서 피의 기운이 신과 인간을 연결해주는 매개라고 여겼다. 이 두 원리는 충분히 서로 연결해서 이해할 만한 것이었다. 예수의 보혈이 인간과 하나님을 연결하여 화목하게 했으니 말이다. 그러고 보면

"이 예수를 하나님이 그의 피로써 믿음으로 말미암는 화목제물로 세우셨으니 이는 하나님께서 길이 참으시는 중에 전에 지은 죄를 간과하심으로 자기의 의로우심을 나타내려 하심이니"(롬 3:25)라는 말씀이 명확하게 이해된다.

이렇게 '피'의 원리가 중요하기 때문에 '제물'이라는 단어로 '희생'을 대치해버릴 수가 없다. 희생은 피를 지닌 생명체라는 의미를 지녀야 하기 때문이다. 레위기를 보면 여러 제사의 방식과 절차를 설명하면서 제물로 소나 염소, 양, 비둘기 등의 살아있는 동물을 사용한다고 말하기도 하지만 경우에 따라 고운 가루도 제물로 쓴다. 그러니 제물에 희생이 포함될 수는 있지만 피가 상징하는 의미를 명확히 아는 이에게 제물과 희생은 같은 단어일 수가 없다. 예컨대 "번제물과 희생제물들을 하나님께 가져오매"(출 18:12)라는 언급처럼 성경 여러 곳에서 희생을 다른 제물과 함께 나열하여 언급하고 있는 것만 보아도 앞의 것으로 뒤의 것을 대치할 수 없음을 알 수 있다. 또한 레위기 등에서 각 제사에 따라 피를 어디에 어떻게 하라는 내용을 분명히 언급한 것도 역시 희생이 피의 의미임을 강조한 것이다.

예수는 '희생되신' 것이 아니라 '희생이 되셨다'

희생이라는 단어가 요즈음에는 '권리의 포기' 혹은 '핍박이나 억압이나 죽임을 당함' 정도로 사용되고 있다. 그래서 "네가 좀 희생하면 다른 여러 사람이 편안할 수 있다"라거나 "그가 누군가에게 희생당했다"라고 말한다. 이는 '제물로 사용되는 살아 있는 가축'이라는 희생의 본래 뜻에서 파생된 비유적 의미이다. 가축이 희생이 됨으로써 제사를 드리는 이가 간절한 소망을 이룰 수 있게 되고, 그 가축이 제사 집행자에 의해 결국 피를 흘리며 죽임을 당함으로써 제사가 완성된다는 원리에서 파생된 이차적 의미인 것이다.

성경에서 말하는 희생은 그런 의미로 쓰이고 있지 않은데, 요즘 성도들이 그런 이차적 의미로 희생의 뜻을 파악하는 경우가 많은 것 같다. 이 경우 문제가 생긴다. 희생의 뜻을 권리 포기나 죽임당함으로 파악하고 접근하면 예수를 죽인 사람들의 행위가 강조되고 동시에 '죽은' 예수가 중심이 되어버린다. 예수는 꾹 참고 힘쓰기를 포기하여 인간에게 죽임을 당하신 것이 아니다. 죄인을 대속하여 하나님과 화목시키기 위해 꼭 필요한 일이었기에 적극적으로 희생이 되어 완전한 속죄의 제사를 올리신 것이다. 흠 없이 순전한 예수께서 자발적인 사랑으로 대신 피 흘리는 희생이 되어주심으로 죄인인 인간은 속죄되어 하나님과 화해하게 되었다는 이것이 성경의 주된 흐름이요, 곳곳에서 성경이 명백히 말하는 바이다.

그런 의미에서 '희생되셨다' 혹은 '희생하셨다'라고 쓰면 잘못 쓰는 것이다. 이차적 의미로 쓴 것이요, 그러면 성경의 의미가 곡해된다. 희생은 제물로 사용되는 살아 있는 가축이기에 명사이다. 명사이니 조사 '이'를 붙여 '희생이 되셨다'라고 써야 본래 의미를 살린 표현이다. '희생되셨다'라고 쓰면 앞서 말한 이차적 의미가 강조되어 '당했다'는 의미가 부각되니 복음의 핵심을 놓치게 된다. 그런 면에서 고린도전서 5:7의 "너희는 누룩 없는 자인데 새 덩어리가 되기 위하여 묵은 누룩을 내버리라 우리의 유월절 양 곧 그리스도께서 희생되셨느니라"라는 대목 등은 오해의 여지가 있으므로 다시 살피면 좋겠다. "그리스도께서는 우리를 위하여 희생이 되셨다."

신실(信實)하신 하나님

앞 장에서 설명한 속(贖)이나 건(愆) 같은 단어는 성경이 처음 번역될 당시에는 사회에서 널리 통용되는 단어였지만 지금은 거의 잊히고 오직 성경 단어로만 남아 있는 경우이다. 반면 이 장에 소개할 신실(信實)은 오늘날에도 흔히 사용되는 단어이다. "저 사람은 신실한 청년이다" 혹은 "그는 신실한 사람이다" 등과 같이 교회는 물론 사회에서도 두루 사용된다. 하지만 이 단어 역시 조선에서 대한민국으로 시간이 흐르는 사이에 정확한 의미나 용례가 이어지지 못하고 그 일부만 남아 사용되고 있다. '신실'의 의미를 좀 더 명확하게 파악한다면 하나님도, 성경에 있는 온갖 약속의 말씀도 더욱 깊이 이해할 수 있을 것이다.

말과 연관된 글자 신(信)

신(信)은 사람[人]과 말[言]이 합쳐진 회의문자이다. 문자의 형성에서 유추할 수 있듯이 신이라는 글자는 사람의 말과 관련이 있다. 고자(古字)로는 아예 말[言] 대신에 사람의 입[口]이라는 것을 더욱 명확히 해서 이 글자를 신(㐰)이라고 썼다. 한마디로 '믿을 신'은 말과 연관된 글자이다.

실(實)에는 여러 뜻이 있지만 핵심 의미는 '채움'과 '관통'이다. 이 글자 역시 '집 면(宀)'과 '꿰다 관(貫)' 이 두 자가 결합된 회의문자이다. '관'은 끈으로 엽전을 꿰는 것을 연상할 수 있으므로 재물과 관련되어 있음을 알 수 있다. 결국 집을 뜻하는 '면'과 재물을 나타내는 '관'이 결합해 이루어진 글자 '실'은 집에 재물 같은 것이 '가득 채워졌다'는 의미를 지니게 된다.

이 글자는 허실(虛實)이라는 표현에서 자주 사용되었다. 반대의 뜻을 가진 글자가 조합된 용례로, 비어 있다는 뜻의 '허'(虛)와 차 있다는 뜻의 '실'이 결합된 경우이다. 대한제국 시기에 일본 학자가 발행한 한자 용례 사전 『조고자결』(操觚字訣) 5권에서 '실'이 풍부하다[富], 가득하다[滿], 채우다[充] 등의 의미를 지닌다고 설명하고 있는 것도 같은 맥락이다.

덧붙이자면 한 단어의 의미를 살필 때 지금은 사전을 먼저 찾아보고 그 의미를 세밀하게 파악하지만 사실 단어가 먼저 있었던 것이 아니다. 그것의 용례를 종합하여 의미를 정리해놓은 것이 사전이다. 특히 한문의 경우 그러한 특성이 더욱 강하다. 그러므로 한 단어의 의미를 파악하려면 용례를 살펴야 한다.

'신'과 '실'을 용례로 파악하면 그 의미가 명확히 드러난다. 과거에 우리나라 사람들이 두루 보았던 대표적인 책 『논어』에서만 예를 찾아보아도 이 글자의 의미를 명확히 알 수 있다. 『논어』의 "학이"(學而) 편에는 다음과 같은 구절이 등장한다.

> 吾日三省吾身. 爲人謀而不忠乎, 與朋友交而不信乎, 傳不習乎?
>
> 나는 하루에 세 번 나 자신을 반성한다. 남을 위해 일하면서 충(忠)하지 않았는가, 벗과 교제하면서 신(信)하지 않았는가, 전수받은 것을 익히지 않았는가?

이 구절에서는 벗과의 교제를 말하면서 '신'을 언급하고 있다. 『논어』 "학이" 편의 다른 구절을 연결해보면 그 의미가 한결 분명해진다. 공자의 제자 자하(子夏)의 말이다.

> 賢賢易色, 事父母能竭其力, 事君能致其身, 與朋友交言而有信. 雖曰未學, 吾必謂之學矣.
>
> 어진 이를 좋아하기를 미인을 좋아하듯 하며, 부모를 섬기되 힘을 다하며, 임금을 섬기되 몸을 바치며, 벗과 교제하되 말에 신(信)이 있게 하면, 비록 (그가) 배우지 못했다 하더라도 나는 반드시 그가 배웠다고 하겠다.

여기에서는 벗과의 교제 중 특히 벗과 말하는 것을 콕 집어 설명하는데 '말에 신(信)이 있는지'를 살핀다고 했다. 앞의 두 구절에서 명확하게 드러나듯 '신'은 언어의 문제와 연결되며 특히 벗과의 관계에서 언어 문제와 연결된다.

말의 '실행'과 연결되는 신실

『논어』는 깊은 의미를 담은 책이다. 하지만 분량으로 보자면 전체를 다 합해도 600문장, 1만 2,000여 글자밖에 되지 않는다. 깊은 의미를 짧게 표현했기에 많은 이가 주석을 남겨 설명하려 했다. 그중 조선 시대 사람들이 기준으로 삼은 것은 송(宋)나라의 대표적 유학자 정이(程頤)·정호(程顥) 형제와 주희(朱熹)의 주석이었다. 이들의 설명으로 신과 실을 살펴보면 우리나라에서 사용된 신과 실의 의미에 가장 근접할 수 있을 것이다. 먼저 앞의 『논어』 구절에 대한 정이의 주석을 보자.

> 一心之謂誠, 盡心謂之忠, 存於中之謂孚, 見於事之謂信.
>
> 마음을 하나로 하는 것을 '성'이라 하고, 마음을 다하는 것을 '충'이라 하며, 중심에 두는 것을 '부'라 하고, 일로 보이는 것을 '신'이라 한다.

한자 중에 '믿을 신'과 비슷한 의미를 지닌 단어가 많은데, 한자 문화권에서는 의미상의 미세한 차이를 고려하여 용례를 달리했다. 정이는 이러한 구별을 통해 신의 의미를 설명한 것이다. 정이의 언급에서 드러나듯 신이란 말로만 무언가를 하는 것이 아니라 그것을 '실제로, 일로 드러내 보이는 것'이다. 이번에는 주희의 주석을 살펴보자.

盡己之謂忠. 以實之謂信.

자기를 다하는 것을 '충'이라 하며 '실'로 하는 것을 '신'이라 한다.

信者, 言之有實也.

'신'이란 말에 '실'이 있는 것이다.

주희의 두 번째 설명에서 '신'과 말을 연결했음이 명확히 드러난다. 주희의 설명을 종합하자면 신이란 말과 연결되는데 그것은 비어 있는 것이 아니라 차 있는 것, 허상만 있는 것이 아니라 실제로 드러나는 것이다.

조선의 유학이 주자와 정자(정이·정호 형제)의 주석을 중심으로 한다는 점을 고려하면 앞서 인용한 설명은 전근대 시기 조선인이 신의 의미를 어떻게 이해했는지를 알 수 있는 중요한 자료이다. 한마디로 신은 언어의 실천 문제와 연관되어 있다. 말한 대로 하는 것, 말한 것을 그대로 실천해 보이는 것, 그것이 바로 '신'이다. 그리고 '실'은 빈말이 아니라 말한 대로 채워져서 말이 실천되고 일이 실상으로 드러난 것을 표현하는 글자이다.

인격체 간 관계에서 제일 중요한 것

유학자들은 말이 말로만 그치는 것을 매우 수치스럽게 여겼다. 『논어』의 "이인"(里仁) 편 24장에는 "군자는 말은 느리게, 행동은 빠르게 하려고 한다"(君子, 欲訥於言, 而敏於行)라고 했다. 공자도 그랬고 유학자들도 모두 말한 대로 하지 못할까 봐 전전긍긍하면서 말을 아꼈다. 또 행동보다 말이 앞서는 것을 크게 경계했다. 이런 문화권에서 '말의 실천'이라는 의미를 지니는 '신'이야말로 가까이할 사람과 멀리할 사람을 구분하는 기준이 되었다.

유교 문화권에서 인격적인 관계를 나눌 좋은 벗의 첫 번째 조건이 바로 '신'이었다. 삼강오륜(三綱五倫)에서도 붕우유신(朋友有信), 즉 벗 사이에는 '신'이 있어야 한다고 규정했다. 『논어』의 "계씨" 편에, 벗하면 좋을 사람과 벗하면 해로울 사람 유형을 구분한 대목이 나오는데, 여기에서도 신의가 있는 사람과는 벗하고 말만 번드르르하게 하는 사람과는 벗하지 말하고 언급한다. 벗하는 관계에서 제일 중요한 것이 신이요, 벗하면 좋을 만한 사람이 바로 말을 실천하는 사람이라는 인식이다.

정리하자면 '신'이란 관계 면에서 말의 실천이라는 개념을 담은 글자이다. 그리고 '실'은 실제적인 실행과 관련된 글자로, 비어 있는 헛된 것이 아니라 말이 담고 있는 의미 그대로 채워져 실제의 일로 드러난 것을 뜻한다. 그래서 신실이란 인격체들

사이에서 말한 대로 실행하여 증명해 보인다는 뜻이다. 유교 문화권인 조선에서 이런 의미로 사용된 단어 신실은 성경을 우리말로 번역할 때 '하나님'과 '하나님의 명령을 받은 이들'을 설명하는 용도로 사용되었다.

'신실'하신 하나님이 유일한 참 신

성경에는 하나님의 속성을 일컬어 '신실하신'이라는 표현이 자주 나오며, 목회자의 설교에서도 '신실하신 하나님'을 자주 들을 수 있다. 그런데 여기서 말하는 '신실'이 구체적으로 어떤 의미인지 제대로 파악하지 못한 채 습관적으로 사용하는 것은 아닐까? 앞에서의 설명을 적용해보자.

신실은 말의 실천과 연관되었다고 했다. 그러니 '신실하신 하나님'이란 '말씀하신 대로 실제로 이루시는 하나님'이다. 또한 '신'은 관계성을 중요하게 여긴다고 했다. 내가 벗과 교제할 때 그 벗과 말한 대로, 약속한 대로 실제로 하는 것이 신실이라 했다. 하나님은 주의 백성과 인격적 관계를 맺으시고 그 속에서 언약을 하셨다. 하나님은 말씀하신 것을 말씀대로 다 이루셨고, 해주겠다고 약속하신 것은 반드시 해주셨다. 그 하나님은 앞으로도 자신의 말을 그대로 이루실 것이다. 이것이 신실하신 하나님이다. 신실이라는 표현이 나오는 성경 구절을 읽을 때 이러한 의미를 기억한다면 그 말씀이 더욱 명확해진다.

그런즉 너는 알라 오직 네 하나님 여호와는 하나님이시요 신실하신 하나님이시라 그를 사랑하고 그의 계명을 지키는 자에게는 천 대까지 그의 언약을 이행하시며 인애를 베푸시되(신 7:9)

이스라엘의 구속자 이스라엘의 거룩한 이이신 여호와께서 사람에게 멸시를 당하는 자, 백성에게 미움을 받는 자, 관원들에게 종이 된 자에게 이같이 이르시되 왕들이 보고 일어서며 고관들이 경배하리니 이는 이스라엘의 거룩하신 이 신실하신 여호와 그가 너를 택하였음이니라(사 49:7)

하나님은 말씀한 대로 이루시는 분이다. 그분이 택하고 언약하셨으면 그 말씀대로 이루어진다. 신실의 뜻을 알고 나면 더 이상 설명할 필요도 없이 이 말씀은 믿는 자의 가슴에 깊이 박히는 감격의 말씀이 된다.

성경에서는 하나님만이 참되고 유일한 신이심을 드러내는 속성으로 신실이 사용된다. 하나님과 우상을 구별하는 기준이 신실이다. 동시에 성경은 주의 백성에게 '말의 실천'을 따져보라고 한다. 특히 이사야서에 그런 대목이 많다. 이사야서 41:21-29를 잠시 살펴보자.

나 여호와가 말하노니 너희 우상들은 소송하라 야곱의 왕이 말하노니 너희는 확실한 증거를 보이라 장차 당할 일을 우리에게 진술하라 또 이전 일이 어떠한 것도 알게 하라 우리가 마음에 두고 그 결말을 알아보리라 혹 앞으로 올 일을 듣게 하며 뒤에 올 일을 알게 하라 그리하면 너희가 신들인 줄 우리가 알리라 또 복을 내리든지 재난을 내리든지 하라 우리가 함께 보고 놀라리라 보라 너희는 아무것도 아니며 너희 일은 허망하며 너희를 택한 자는 가증하니라 …보라 그들은 다 헛되며 그들의 행사는 허무하며 그들이 부어 만든 우상들은 바람이요 공허한 것뿐이니라

우상은 거짓과 허상이기에 말만 내세울 뿐 실제로 보여주지는 못하고, 과거는 말할 수 있을지언정 다가올 일은 그 어떤 것도 말하지 못하며 그것대로 행하지도 못한다. 하지만 오직 하나님만이 그 일을 말씀하시고 그 말씀대로 이루셨다. 우상과 하나님의 차이는 허상과 신실의 차이이다. 우상과의 비교 뒤에는 다음과 같은 말씀이 이어진다.

내가 비로소 시온에게 너희는 이제 그들을 보라 하였노라 내가 기쁜 소식을 전할 자를 예루살렘에 주리라(사 41:27)

하나님은 그분의 말씀을 그대로 이루셨다. 그리하여 우리에게 기쁜 소식, 메시아를 주셨다. 이것이 신실하신 하나님이다.

'말이 실제로 드러나 보이는' 신실은 진정 하나님으로부터 보내심을 받은 자임을 드러내는 표지로도 사용된다. 거짓 일꾼

의 경우 그의 말은 실제로 이루어지지 않는다. 하지만 참된 주의 일꾼은 주의 말을 하므로 그 말이 말에 그치지 않고 실제 능력으로 나타난다.

> 그러므로 내가 보내지 아니하였어도 내 이름으로 예언하여 이르기를 칼과 기근이 이 땅에 이르지 아니하리라 하는 선지자들에 대하여 여호와께서 이와 같이 말씀하셨노라 그 선지자들은 칼과 기근에 멸망할 것이요(렘 14:15)

> 주께서 허락하시면 내가 너희에게 속히 나아가서 교만한 자들의 말이 아니라 오직 그 능력을 알아보겠으니 하나님의 나라는 말에 있지 아니하고 오직 능력에 있음이라(고전 4:19-20)

성경은 옛 약속(구약)과 새 약속(신약)으로 이루어져 있다. 실행하지 않는다면 그 약속의 말씀이 무슨 의미가 있으랴. 하지만 하나님은 신실하신 분, 말씀을 실제로 이루시는 분이다. 성경에서 '말씀하신 대로 이루셨다'라는 언급도 모두 신실하신 하나님을 설명하는 부분이다. "여호와를 찬송할지로다 그가 말씀하신 대로 그의 백성 이스라엘에게 태평을 주셨으니"(왕상 8:56), "여호와께서 그가 말씀하신 대로 행하셨으니"(렘 40:3) 등 이런 구절은 수없이 많다.

누가 온갖 변수를 이겨내고 '자신의 말대로, 실제로' 다 이

룰 수 있는가? 오직 하나님뿐이다. 그래서 우리는 하나님 안에서 기다리며 평안할 수 있다. 하나님은 말씀한 대로 이루시는 분이다. 신실하신 하나님이란 '말한 대로 하셨고 하시고 하실 분'이라는 뜻이다. 신실의 의미를 정확히 알고 묵상하면 자연히 하나님을 찬양하게 된다. "신실하신 하나님!"

그리스도인은 주의 '말씀'에 '신실한' 사람

성경에서 신실은 하나님의 속성을 나타낼 때에도 사용하지만 동시에 주의 백성(종)이 갖추고 있는 혹은 갖춰야 하는 속성을 말할 때도 사용한다. 문맥에 따라 약간의 의미 차이가 있을 수 있지만 기본적으로 신실이라는 단어가 '말의 실천, 말을 실제로 드러내 보임'을 뜻한다는 점을 기억하자. 그렇다면 주의 백성은 주의 말씀, 즉 주의 율례와 법도를 그 말씀대로 실천하는 사람들이다. 그들이 바로 신실한 주의 백성이다.

> 누구든지 여호와께 신실하지 못하여 범죄하되 곧 이웃이 맡긴 물건이나 전당물을 속이거나 도둑질하거나 착취하고도 사실을 부인하거나(레 6:2)

> 사랑하는 자여 네가 무엇이든지 형제 곧 나그네 된 자들에게 행하는 것은 신실한 일이니(요삼 1:5)

위에서 인용한 레위기 구절은 "무릇 네 이웃의 소유를 탐내지 말라"라는 십계명에 반하는 '신실하지 못한' 행동을 말하고 있다. 또한 요한3서의 구절이 말하듯, 나그네를 영접하라는 계명을 지킨 성도는 '신실하다'는 평가를 받는다.

이렇듯 성경 곳곳에서는 말의 실천이라는 뜻의 신실로 주의 백성을 설명하고 그들의 행위를 설명한다. 물론 우리말 성경에 '신실'로 번역된 모든 단어가 한 가지 원어를 가진 것은 아니며, 원어는 다르지만 문맥에 따라 여러 히브리어와 헬라어가 '신실'로 번역되어 있다는 사실은 주의해야 한다. 하지만 우리나라에서 신실이라는 단어가 말의 실제성, 말의 실천성과 연관이 있다는 사실은 명확하다. 성경을 우리말로 처음 번역할 당시 번역자들은 조선 시대에 신실이 어떠한 의미로 사용되는지 알고 있었을 것이고, 이 의미가 성경에 그대로 반영되었다.

성경의 '신실'은 조선 시대 내내 이어지던 '언어의 실천성'이라는 의미를 담고 있다. 성경에 나오는 수많은 약속을 읽을 때 이 점을 기억한다면 눈에 보이는 오늘을 넘어 흔들리지 않는 사람으로 살 수 있을 것이다. 이것이 정확한 단어 이해를 통해 얻을 수 있는 유익이다.

거(居)와 류(留)의 차이

세상을 사는 동안 우리는 어느 곳은 지나쳐 가고, 어느 곳에는 들러 머물며, 또 어느 곳에서는 정착하여 산다. 한국어를 모국어로 하는 사람이라면 '지나다', '들르다', '살다'가 어떻게 다른지 별다른 설명 없이도 잘 알고 있다. 한자에서도 이렇게 의미를 구별하여 사용했다. '류'(留)와 '거'(居)가 바로 그것이다. '들러 머무는 곳'과 '사는 곳'은 선택 기준도 다르고, 그곳에 있는 동안 품는 마음가짐도 다르다.

편안한 마음으로 텔레비전 사극의 한 장면을 떠올려보자. 한 나그네가 먼 길을 가고 있다. 날이 저무는데 주막을 찾지 못하자 그는 마을에서 살림살이가 좋아 보이는 집의 대문을 두드린다. "무슨 일로 오셨습니까?"라는 하인의 물음에 "지나는 객

이온데 하룻밤 거할 수 있겠습니까?"라고 답했다고 치자. 만약 이렇게 말하는 사람이 있다면 딱 잘라 내쫓아야 한다. 거할 수 있느냐고 물었기 때문이다. '거'라는 말은 그 집에 계속 살겠다는 뜻이다. 길을 가던 나그네는 피치 못할 사정으로 하룻밤쯤 유할 수 있느냐고, 유숙(留宿)할 수 있느냐고 물을지언정 거할 수 있겠느냐고 하지 않는다. 그건 불한당이 하는 짓이다. 내가 살 테니 니들은 나가라는 말이나 다름없기 때문이다.

성경을 살펴보자. 사도행전 16:12에 "거기서 빌립보에 이르니 이는 마게도냐 지방의 첫 성이요 또 로마의 식민지라 이 성에서 수일을 유하다가"라는 대목이 나온다. 여기에서 '수일을 유하다가'를 '수일을 거하다가'로 바꾸면 어색한 표현이 된다. '며칠'을 뜻하는 '수일'을 빼든지, '거하다'라는 동사를 바꿔야 한다. '거'나 '류'는 '한 장소에 있다'라는 공통된 의미가 있지만, 잠시 거치는 곳인지 머물러 살 곳인지에 따라 구별해 쓰는 단어이다. 이것을 잘못 사용하면 아주 어색하거나 우스운 말이 될 뿐 아니라 나아가 성경의 핵심 의미를 놓칠 수 있다.

항상 있는 것 vs. 잠깐 있는 것

거(居)는 사람이 의자에 앉아 있는 모습을 형상화한 글자이다. 『설문해자주』(說文解字注)에는 걸터앉을 수 있는 의자의 모양을 본뜬 상형문자 궤(几)에 다음과 같은 설명을 붙였다.

거궤(凥几)는 사람이 엉덩이를 걸치고 앉는 의자라는 말인데, 이때 거(凥)란 '멈추어 쉰다'[処]는 뜻이고 처(処)는 '멈춘다'는 뜻이다. 옛날 거(凥) 자를 지금은 모두 거(居)로 바꾸어 쓰고 있다. 그래서 거궤라고 하게 되었다.

이 설명대로 '거'는 사람이 의자에 앉아 있는 모습을 형상화한 것으로 '앉다' 혹은 '자리를 잡다, 처지에 놓이다' 등의 의미로 사용된다. 가장 일반적으로는 정해진 장소에 사는 것을 뜻할 때 쓴다. 하지만 잠시 머물거나 잠깐 지나가는 경우에는 '거'를 사용하지 않는다.

『설문해자주』에서 류(留) 부분을 보면 원래 '畱'라고 쓰던 것을 나중에 '留'로 쓰게 된 것이며 '멈추다'[止]를 의미하는 단어라고 되어 있다. 이와 관련해 '머무르다, 정지하다, 지체하다, 붙잡다, 억류하다' 등의 의미로 사용된다. 길을 가다가 혹은 일을 진행하다가 잠깐 멈춘 상태일 때 '류'라고 표현한다. 멈추는 것이나 지체하는 것이나 억류하는 것이나 모두 어떤 일을 하던 중 '잠시'라는 의미에서 공통된다. 잠시 머물고 있을 때에만 '유하다'라고 쓰는 것이다. 우리말 '들르다'의 의미와 비슷하다.

예를 들어 조선 선비에게는 필독서와 다름없고 오늘날에도 한문을 공부하는 사람이면 다 읽어봤을 『고문진보』(古文眞寶)만 보더라도 이러한 용례가 여러 곳에서 나온다. 『고문진보』 3권에

실린 두보의 시 〈여름날에 이공을 만나보다〉(夏日李公見訪) 끝부분에는 다음과 같은 구절이 있다.

水花晩色静
수련이 저녁 빛에 고요하니
庶足充淹留
손님을 만류하여 머물게 할 만하네.

여기에 나오는 엄류(淹留)는 '객을 말려 더 머물게 하다'는 뜻이다. 손님은 객(客)이라는 단어를 따로 쓰지 않아도 '류' 자로 표현된다. '류'는 거주민이 아니라 손님으로 잠깐 머물 때 사용하기 때문이다.

거(居)의 의미 확장: 중심, 기준점

'사는 곳'을 유교철학적인 의미로 확장하면 '늘 서 있는 자리' 혹은 '늘 지키는 기준'을 뜻한다. 다시 말해 '거'는 사는 집만 의미하는 것이 아니라 모름지기 있어야 하는 자리에 굳게 서 있는 것을 의미하기도 한다. 모든 사람이 모름지기 지켜야 할 자리를 지키고 있을 때 세상이 가장 안정적으로 움직인다. 대표적인 용례가 『논어』의 "위정"(爲政) 편에 나온다. 가장 앞 대목에서 정치의 핵심을 설명하는 내용이다.

爲政以德, 譬如北辰, 居其所而衆星共之.

덕으로 정치를 한다는 것은 비유하자면 북극성이 그곳에 거하고 뭇 별들이 그를 떠받드는 것과 같다.

북극성은 한자리에 굳게 자리잡은 채 움직이지 않고, 다른 별들은 북극성을 기준으로 회전하며 운행한다. 북극성은 '거'하고 있다. 별들도 아무렇게나 움직이는 것이 아니라 북극성을 기준으로 정해진 궤도에 따라 움직인다.

별들의 움직임을 말할 때 보통 '운행하다'라는 표현을 사용하며 별들은 각자의 궤도대로 몇만 년 동안 쉴 새 없이 운행을 계속한다. 이렇듯 운행이란 정해진 길대로 움직인다는 의미이다. 별은 항상 움직이고 있으니 한곳에 정착한다는 의미의 '거'라는 표현이 어울리지 않다고 생각할 수도 있다. 하지만 북극성의 영향권 안에서 북극성과의 거리를 일정하게 유지하며 정해진 궤도에만 머무르고 있으니 이런 면에서는 별도 '거'한다고 말할 수 있다.

앞에서 인용한 대목은 북극성이 중심이 되어 뭇별을 인도하듯, 군주가 자기 위치를 지켜 백성을 인도하면 백성이 그 기준에 따라 마땅히 가야 할 길로 함께 움직인다는 것을 비유적으로 표현한 내용이다. 그렇게 하여 별들의 충돌 없이 우주의 평화가 유지된다.

이는 유교가 말하는 덕치주의 원리를 여실히 보여준다. 한 곳에 사는 것처럼 정해진 장소나 기준 가운데 늘 있음을 표현하는 단어가 '거'이다.

거(居)와 류(留), 두 글자의 구별로 보는 성경

성경이 처음 한글로 번역될 당시에도 사람들은 이 두 단어를 구별해서 사용했고, 번역자들은 이를 반영하여 '거'와 '류'의 사용을 구별했다. 『개역개정』을 기준으로 볼 때 '유하다'라는 표현을 사용한 몇 대목을 찾아보면 다음과 같다.

> 너희는 아무 유교물이든지 먹지 말고 너희 모든 유하는 곳에서 무교병을 먹을지니라(출 12:20)

> 일곱째 날은 네 하나님 여호와의 안식일인즉 너나 네 아들이나 네 딸이나… 네 문 안에 유하는 객이라도 아무 일도 하지 못하게 하고(신 5:14)

> 또 이르시되 어디서든지 누구의 집에 들어가거든 그 곳을 떠나기까지 거기 유하라(막 6:10)

> 나사로가 병들었다 함을 들으시고 그 계시던 곳에 이틀을 더 유하시고(요 11:6)

일일이 설명하지 않아도 알 수 있듯 최종 목적지가 아닌 임시로 머무는 곳, 잠깐 지나가다가 들른 곳은 모두 '유하다'라는 동사로 표현했다. 인용된 본문은 이집트에서 나와 가나안으로 가는 동안 '유하는' 곳에서 무슨 일을 할지 설명하거나 전도여행을 하는 동안 누구 집에서 며칠 유하라고 지시하는 등 '유하다'의 용례를 명확하게 드러낸다. 반면 다음 본문에서는 '거하다'가 '유하다'와 다른 용법으로 사용됨을 볼 수 있다.

> 하나님이 야벳을 창대하게 하사 셈의 장막에 거하게 하시고 가나안은 그의 종이 되게 하시기를 원하노라 하였더라(창 9:27)

> 여호와께서 이에 구원자를 이스라엘에게 주시매 이스라엘 자손이 아람 사람의 손에서 벗어나 전과 같이 자기 장막에 거하였으나(왕하 13:5)

> 이에 가서 저보다 더 악한 귀신 일곱을 데리고 들어가서 거하니 그 사람의 나중 형편이 전보다 더욱 심하게 되느니라 이 악한 세대가 또한 이렇게 되리라(마 12:45)

위의 예에서 명확하게 볼 수 있듯 한곳에 정착해서 살 때 '거하다'라는 표현을 사용한다. 이동하는 도중 잠깐 들르는 것이 아니라 완전한 삶의 터전으로 자리잡을 때에 사용한다는 뜻이다. 야벳이 '영원히' 셈의 장막에 함께 산다는 것이고, 이스라엘 자손이 본래 살던 곳에 '살게' 될 것이라는 말씀이며, 귀신이 그 사람 몸에 '계속' 사는 것이다. 이처럼 성경에서는 '유하다'를 사용할 곳과 '거하다'를 사용할 곳을 구별하여 내용을 전달했다.

'거하다'에 담긴 주의 사랑과 확고한 약속

특히 이 두 단어의 의미 차이를 인식하며 성경을 읽어보면 주님의 '영원한' 약속에 새삼스레 감격하게 된다. '거'는 움직이지 않고 그곳에 정착해서 살 때, 즉 정해진 자리를 지키며 움직이지 않을 때 사용하는 단어임을 기억하며 다음 구절을 읽어보자.

> 내가 이스라엘 자손 중에 거하여 그들의 하나님이 되리니(출 29:45)
>
> 내가 또한 이스라엘 자손 가운데에 거하며 내 백성 이스라엘을 버리지 아니하리라 하셨더라(왕상 6:13)
>
> 말씀이 육신이 되어 우리 가운데 거하시매 우리가 그의 영광을 보니 아버지의 독생자의 영광이요 은혜와 진리가 충만하더라(요 1:14)
>
> 누구든지 예수를 하나님의 아들이라 시인하면 하나님이 그의 안에 거하시고 그도 하나님 안에 거하느니라(요일 4:15)

하나님은 잠시, 임시로, 며칠만 백성과 함께하시는 것이 아니다. 정착해서 영원히 사신다! 예수께서도 성육신하여 우리와 함께 사셨다. 예수를 주님으로 시인하고 영접하면 하나님의 아들이라는 이름을 주신다고 했는데 그것은 다른 말로 '하나님이 주를 시인하는 사람 안에 거하시고, 주를 시인하는 사람도 하나님 안에 거하는 것'이라고 설명되어 있다. 앞서 이야기했듯 '거하다'는 움직이지 않고 정착해 사는 것이다. 주님을 시인하는 사람은 '떠나거나 지나가시지 않고 정착하여 함께 사시는' 하나님과 사는 것이다. 이렇듯 '거'의 의미에 유의하며 주님의 약속을 떠올리고 우리에게 약속된 미래를 생각하면 그 은혜가 보다 절실하게 다가온다.

> 종은 영원히 집에 거하지 못하되 아들은 영원히 거하나니(요 8:35)

> 내 아버지 집에 거할 곳이 많도다 그렇지 않으면 너희에게 일렀으리라 내가 너희를 위하여 거처를 예비하러 가노니 가서 너희를 위하여 거처를 예비하면 내가 다시 와서 너희를 내게로 영접하여 나 있는 곳에 너희도 있게 하리라(요 14:2-3)

하나님의 자녀 된 우리는 주님과 영원히 살게 된다. "거하나니"라는 표현에 그 의미와 약속이 담겨 있다. 공생애를 마칠 무렵 예수께서는 잠시 떠나가서 해야 할 일을 설명하시며 거처, 즉 거할 곳을 예비하러 간다고 하셨다. 그리고 그분이 마련한 거처로 주의 제자들을 맞아들여 함께하겠다고 말씀하셨다. 거할 곳에서 함께 거하는 것이다. 잠깐 있는 것, 즉 유하는 것이 아니다. 완전히, 영원히 함께 있는 것이다. 그것이 주께서 우리에게 주신 견고하고 지속적인 약속이다. 우리가 지금 살고 있는 이 힘든 세상은 잠깐 있는 객지(客地)이고, 주님 옆이 우리가 영원히 살 거처(居處)이다.

눈여겨볼 것은 '거하다'가 '유하다'에 비해 사용 비중이 높고 구약보다 신약에 자주 사용되었다는 점이다. 『개역개정』을 기준으로 '유하다'는 20여 회 사용된다. 반면 '거하다'는 100여 회 사용되었으며 그중 3분의 2는 신약성경에 등장한다. 이러한 현상을 관찰하면서 필자는 한편으로 놀라고 한편으로 감사했다. 신약에 그 용례가 많은 것은 드디어 오신 메시아 예수 그리스도의 사역과 믿음의 자녀에게 주어진 영원한 약속에 대한 언급이 많은 덕분이다.

주님을 고백하는 즉시 주께서 그 안에 거하시고 앞으로도 영원히 주님과 거하리라는 약속을 예수께서 자주 언급하신 탓에 '거하다'가 신약에 많이 등장하는 것이니, 이 단어가 등장하는 횟수만으로도 감사하는 마음이 들었다. 성육신하신 예수께서는 무리와 함께 지내며 신약, 즉 새 약속을 현실화하고 확증하셨다. 그리고 사도들도 그것을 반복하여 언급함으로써 힘든 현실의 삶을 살아가는 믿는 자를 격려했다. 그것이 고스란히 거하다의 용례에 담겼다. '거하다'에만 집중해서 읽어도 성경은 은혜 중 은혜로다!

북극성을 따라 뭇별이 돌 듯, 주님 거하신 자리를 따라 사는 삶

주님이 우리와 함께 거하신다는 약속, 거처를 마련하신다는 약속이 얼마나 완전하고 평안한 약속인지 알게 된 우리 그리스도인은 이제 '거'에 담긴 의미에 주의하며 지금의 삶을 어떻게 살 것인지를 생각하기 바란다.

앞서 설명한 내용을 다시 떠올려보자. 북극성이 정해진 자리에 거하면 뭇별은 북극성을 중심으로 돈다. 별들은 움직이기 때문에 '거'가 아닌 것 같지만, 북극성의 영향권 내에서 북극성과의 거리를 일정하게 유지하며 정해진 궤도에만 있기 때문에 그런 면에서 뭇별도 '거'하고 있는 것이라 했다.

성경에서 믿는 이의 삶을 이야기할 때도 이러한 의미로 '거'를 사용하고 있다. 우리는 주님과 함께 주의 나라에서 영원히 함께 살 사람들이다. 그런 면에서 우리는 이 땅에 잠시 유하는 나그네이다. 하지만 이 땅에 유하는 동안에도 주님 안에 거하며 주님이 인도하신 길로만 가는 사람들이다. 주께서 삶의 중심이 되어 우리에게 그분의 모습을 보여주신다. 그러면 주의 백성은 주가 서 계신 자리, 그분이 세우신 원칙을 중심으로 그분이 안내하신 길로 가는 것이다.

이것이 주의 백성이 운행할 길이요, 거할 곳이다. 이 점을 생각하며 성경을 읽어보면 다음과 같은 구절의 의미가 더 선명해질 것이다.

> 그러므로 예수께서 자기를 믿은 유대인들에게 이르시되 너희가 내 말에 거하면 참으로 내 제자가 되고(요 8:31)

> 내 안에 거하라 나도 너희 안에 거하리라 가지가 포도나무에 붙어 있지 아니하면 스스로 열매를 맺을 수 없음 같이 너희도 내 안에 있지 아니하면 그러하리라(요 15:4)

> 내가 아버지의 계명을 지켜 그의 사랑 안에 거하는 것 같이 너희도 내 계명을 지키면 내 사랑 안에 거하리라(요 15:10)

주의 백성이 기준으로 삼을 대상, 떠나지 않고 서 있을 곳은 주님, 주의 말씀, 주의 계명이다. 주님 옆에 잠시 스치듯 지나가는 것이 아니라 거기에 뿌리를 박고 거하는 것이 믿는 이가 취해야 할 삶의 방식이다. 별들이 정해진 궤도로 운행하듯 우리도 주를 기준으로 정해진 궤도에 따라 움직이며 살다가 주님 나라에 가서 영원히 주님과 함께 거할 것이다.

3부 / 선 자리 이해

講

네 자녀에게 부지런히 가르치며 집에 앉았을 때에든지 길을 갈 때에든지 누워 있을 때에든지 일어날 때에든지 이 말씀을 강론할 것이며 (신 6:7)

바울이 자기의 관례대로 그들에게로 들어가서 세 안식일에 성경을 가지고 강론하며 (행 17:2)

預

내가 그들의 형제 중에서 너와 같은 선지자 하나를 그들을 위하여 일으키고 내 말을 그 입에 두리니 내가 그에게 명령하는 것을 그가 무리에게 다 말하리라 (중략) 네가 마음속으로 이르기를 그 말이 여호와께서 이르신 말씀인지 우리가 어떻게 알리요 하리라 만일 선지자가 있어 여호와의 이름으로 말한 일에 증험도 없고 성취함도 없으면 이는 여호와께서 말씀하신 것이 아니요 그 선지자가 제 마음대로 한 말이니 너는 그를 두려워하지 말지니라

(신 18:18-22)

선/ 자/리/ 이/해

설교를 맡은 사람은 강대상에 서서 말을 한다. 그 강대상에서 '강'(講)이라는 것은 절대 기준이 되는 것을 풀어낸다는 의미이다. 내 말을 하는 것이 아니라 하나님 말씀인 성경, 즉 절대적인 것을 풀어 전달하는 사람이 바로 설교자이다. 또 선지자와 같은 의미로 흔히 쓰는 말이 예언자이다. '예'(預)는 맡다는 뜻이다. 예언자는 미래의 일을 말하는 사람이 아니라 전하라는 말씀을 '맡은' 자이다.

조선 시대에 '사'(使)는 보내는 사람의 신뢰를 받아 특별한 역할을 맡도록 지정된 사람에게 붙인 말이다. 그 역할을 수행하기 위해 특별한 지위가 부여되기도 한다. 사역을 감당하는 모든 사람은 자신이 그 '사'임을 기억할 필요가 있다.

우리 모두는 우리 능력이나 행위로 구원받은 것이 아니다.

우리는 '완악'(頑惡)하고 '패역'(悖逆)한 존재였다. 이 완악과 패역이 어떤 단어인 줄 알면 우리가 어떤 존재였는지를 더더욱 인정하게 된다. 동시에 '그럼에도 자녀 삼으신' 주님을 더 인정할 수 있다. 그것이 우리 성도 모두가 서 있는 자리이다.

설교자의 설자리, 강(講)과 예(預)

전권 위임 대리인 사(使): '천사'에서 '사역'까지

완악(頑惡)하고 패역(悖逆)한 '자식'

설교자의 설자리, 강(講)과 예(預)

본격적인 논의에 앞서 먼저 '설자리'라는 단어부터 살펴보자. 설자리는 국궁(國弓)에서 활을 쏠 때 서는 자리를 말한다. 활을 쏠 때 정해진 자리에 굳건히 서야 과녁에 명중시킬 수 있고 불의의 사고도 예방할 수 있다. 설자리가 아닌 다른 곳에 서서 활을 쏘면 화살의 진행 방향에 다른 사람이 진입하는 사고가 생길 수 있고, 쏘는 동작으로 인해 옆에 있는 사람이 다칠 수도 있다.

설자리라는 단어로 글을 시작하는 것은 다음 질문을 하기 위해서이다. "말씀 전하는 자의 설자리, 설교자의 설자리는 어디인가?" 이런 문제의식을 가지고 '강'과 '예'라는 두 단어를 각각 살펴본다.

'기준'을 충실히 푼다는 의미의 강(講)

예배 때 설교 순서가 되면 인도자는 아무개 목사님의 '강론'이 있을 것이라고 소개한다. 그러면 소개받은 목사님은 '강대'에 올라 '강대상'에 성경을 올려놓고 말씀을 하기 시작한다.

강(講)이라는 글자는 '말'을 나타내는 언(言)과 '얽다 혹은 짜 맞추다'는 뜻의 구(冓)가 합쳐진 한자이다. 즉 말로 알아듣도록 설명을 얽는 것을 '강'이라 한다. 한자 사전에는 '외우다, 암송하다, 풀이하다, 설명하다, 연구하다' 등의 의미로 나와 있다. '강'의 핵심 뜻은 '기준이 되는 어떤 것'을 그대로 암송하고 구조를 분석하면서 그 뜻을 명확히 이해하는 행위에 있다. 사람들은 그 기준(이 되는 어떤 책)에 올바른 예와 규정이 완성되어 담겨 있다고 믿는다. 그 기준을 완벽하게 숙지하고 풀이하고 해석하며 적용하는 것이 강의 의미이다. 이를 숙지하기 위해 암기하거나 소리 내어 읊거나 뜻을 풀이하는 등의 방법을 쓰는 것이다. 자기의 생각만을 쏟아내면 강이 아니다.

예컨대 과거 정치 제도에도 강의 활용이 잘 나타나 있다. 고려 시대 이래 조선 초기까지 관리를 등용하기 위한 시험인 과거(科擧)에는 명경과(明經科)와 제술과(製述科)가 있었다. 조선 중기 이후 과거가 세분화되면서 두 과로 분류하는 것은 사라졌지만 시험 방식으로서의 명경, 제술은 계속 유지되었다.

제술과는 쉽게 말해 글짓기 시험으로 생각할 수 있다. 상황에 따라 시(詩), 부(賦), 송(頌), 책(策), 의(義) 등 여러 문체 중 일부로 글을 짓게 한다. 수험자가 문장을 유창하게 구사하는지 그리고 동시에 각종 정책이나 문제 되는 상황에 대해 자신의 생각을 조리 있게 서술하는지를 보는 과목이다.

명경과는 『논어』, 『맹자』, 『중용』, 『대학』, 『주역』, 『시경』, 『서경』, 『예기』 등 유학 경전에 관한 지식을 묻는 시험이다. 즉 자신의 생각을 서술하기보다 해당 구절을 얼마나 잘 알고 외우는지를 알아보는 시험이다. 대나무를 쪼개어 그 안쪽 하얀 부분에 유교 경전 각 장의 첫 구절을 적어둔 것을 '찌'[한자로는 '생'(栍)]라고 하는데, 명경과를 시행할 때는 각 책별로 정리된 찌 중에서 하나를 그 자리에서 뽑아 강술하게 한다. 평소에 공부할 때에도 찌를 뽑아 해당 구절을 설명하는 경우가 많았다. 이것이 '강'이다.

또 고려 시대와 조선 시대에는 경연(經筵)이라는 제도가 있었다. 경전의 '경'과 자리의 '연'을 합한 말로, 임금이 신하들과 함께 학문을 연마하는 자리를 뜻한다. 경연에서 주로 하는 일은 유교 경전을 '강'하는 일이다. 아침에 하는 강을 조강(朝講), 점심에 하는 강을 주강(晝講), 저녁에 하는 강을 석강(夕講)이라고 세분하기도 한다. 왕은 이러한 여러 자리를 통해서 경전을 읽고 옛 성군의 예악 제도, 정치 방식 등을 배우며 그것에 따라 정사를 펼치려 했다. 『사서오경』 등의 유교 경전은 왕과 신하들

이 정치를 해나가는 '절대적 기준'이었기 때문에 이를 끊임없이 '강'했던 것이다

이렇듯 강이란 기준이 되는 경전에 대해 구조를 분석하거나 구문을 암기하여 완벽히 이해하고 설명하는 행위이다. 기준이 되는 경전을 사적으로 말하거나 임의로 곡해하지 않고 경전 그대로를 충실히 따르고자 하는 태도, 그것이 '강'에 담겨 있다.

성경에 사용된 강(講)

성경에서도 '강론'이라는 단어가 사용되었다. 『개역개정』에는 10회 사용되었는데 그중 신명기의 한 구절을 살펴보자.

> 네 자녀에게 부지런히 가르치며 집에 앉았을 때에든지 길을 갈 때에든지 누워 있을 때에든지 일어날 때에든지 이 말씀을 강론할 것이며 (신 6:7)

신명기 11:19에도 비슷한 내용이 반복된다. 여기에 쓰인 강론이라는 단어는 '강'의 의미를 명확히 살린 표현이다. 율법을 기준으로 삼아 그것을 가르치라는 맥락에서 강론이라 한 것이다.

반면에 예수의 활동과 말씀을 기록한 복음서에는 단 한 번도 강론이라는 단어를 사용하지 않았다. 기준이 되는 경전을

풀이하는 것을 강이라 하는데, 복음서는 기준이 되는 경전을 제시하는 것이 아니라 기준 자체인 예수께서 직접 하신 말씀을 담고 있기 때문이다. 그래서 "예수께서 강론하셨다"라고 말하지 않는다. 강론이라는 표현 여부만으로 예수의 하나님 아들 되심, 절대자 되심을 고백하고 있는 것이다.

사도행전에는 강론이라는 표현이 자주 사용되었다. 사도인 바울이 복음을 전하면서 '주의 말씀'을 '기준'으로 하여 그 말씀을 '설명'했기 때문이다.

> 바울이 자기의 관례대로 그들에게로 들어가서 세 안식일에 성경을 가지고 강론하며(행 17:2)

> 그들이 날짜를 정하고 그가 유숙하는 집에 많이 오니 바울이 아침부터 저녁까지 강론하여 하나님의 나라를 증언하고 모세의 율법과 선지자의 말을 가지고 예수에 대하여 권하더라(행 28:23)

교회에서 목회자가 말씀을 전하기 위해 서는 곳을 '강대'라 한다. 여기에서 '대'는 주변에 비해 조금 높게 튀어나와 있는 부분을 말한다. 설교자가 잘 보이도록 다른 예배자의 좌석에 비해 조금 높게 돌출된 형태로 만들어놓은 곳이 강대이다. 그리고 강대에 둔 가구를 '강대상'이라 한다. 강대상 앞에 서는 목회자는 '강'이 무슨 뜻인지 기억해야 할 것이다. 자기 자신의 말이 아니라 기준이 되는 '성경'을 풀어내는 것이 '강'이다. 강대는 자신의 생각이나 주장을 펼치면서 청중을 설득하는 연설 자리가 아니며, 자기 지식을 자랑하고 설명하는 강의 자리도 아니다. 한마디로 성경의 말씀에 바탕을 두고 그것만을 언급하며 그것의 본뜻을 풀이하여 삶에 적용하도록 하는 것이 강론이다. 성경에 바탕을 둔 설교만이 강론이다. 명심하고 또 명심할 단어이다.

용례의 구별: 예비(豫備)와 예치(預置)

목회 사역자의 설자리와 관련해 주목할 또 하나의 단어가 예(預)이다. 우선 예(豫)와 예(預)라는 단어를 비교해보자. 한두 개의 뜻만 간단히 적어놓는 작은 사전에는 두 글자 모두 '미리'라는 뜻이라고 적혀 있을 것이다. 하지만 표의문자인 한자는 한 단어가 문맥에 따라 여러 의미로 쓰인다. 그래서 한문을 번역할 때는 문맥을 잘 살펴야 그 의미를 정확히 파악할 수 있다.

예(豫)는 보통 '미리'라는 뜻으로만 새기는 글자이다. 반면 예(預)는 '맡기다, 참여하다, 간섭하다' 등의 의미를 지니고 있고 일부 경우에는 '미리'라는 의미를 지닌 예(豫)와 통용된다. 19세기 어휘 용례 사전인『조고자결』만 보더라도 예(豫)와 비슷한 의미를 지닌 글자로는 예(預)만 소개했고 예(預)와 비슷한 의미를 지닌 글자로는 여(與), 간(干), 섭(涉), 관(關) 등을 적었다.

두 글자는 음이 같고 모양도 비슷하여 헷갈리기 쉽지만 분명 구별되는 글자이다. 요즘 사람들이 흔히 쓰는 용례인 '예비'와 '예치'로 설명해보자. 예비(豫備)는 '미리 준비하다'라는 의미로 이때 '예'는 '미리'를 뜻한다. 반면 예치(預置)는 '맡겨두다'라는 의미이다. '미리 두다'라는 뜻이 아니다. 예를 들어 '예치 증서'는 물건이나 돈 등을 맡겨둔 경우에 발급하는 서류이다. 예(預)는 '맡기다'는 뜻의 글자이다. 그래서 '예금'은 한자로 '豫金'이 아니라 '預金'이라고 쓴다. 맡긴 돈이지, 미리 준비한 돈이 아니기 때문이다. 같은 원리로 '맡기다, 참여하다, 간섭하다'의 의미를 나타내는 단어에는 예(預)를 써서 예탁금(預託金), 참예(參預), 간예(干預) 등으로 쓴다.

하지만 이렇게 명백히 다른 두 글자도 비슷하게 생기면 통용되곤 하는 것이 한자의 특성 중 하나이다. 예(豫)와 예(預)가 바로 그런 경우라서, 서로 다른 의미를 지닌 글자이지만 '미리'라는 의미를 나타낼 때에는 통용되기도 했다.

또 처음에는 한 가지 의미만 서로 겹쳐 사용되던 두 단어가 서서히 나머지 의미까지 겹쳐 사용되는 경우도 있다. 모양이 비슷한 글자가 음까지 같은 경우 이러한 경향이 더 두드러지게 나타난다. 예(豫)와 예(預)는 모양이 비슷하고 음까지 같아서 '미리'라는 의미뿐 아니라 다른 의미로도 겹쳐 쓰는 사람이 생겨났다. 일제강점기에는 물론 지금까지도 이 두 글자가 완전히 같은 글자인 것으로 아는 이가 많다.

초기 성경 번역본에서 통용되던 예(預)와 예(豫)

두 단어를 이렇듯 자세히 설명한 것은 성경에서의 쓰임새를 보기 위해서이다. 성경에 '예' 자가 자주 나오는데 대표적으로 '예언'이 있다. '미리 예(豫)' 자를 사용하여 예언(豫言)이라고 하면 '앞일을 미리 말함'이라는 의미가 된다. 그런데 '맡을 예(預)' 자를 사용한다면 '預'를 '豫'의 의미로 생각하여 '앞일을 미리 말함'도 되지만 '맡다'라는 의미를 살려 '말씀을 맡음'이 된다.

그래서 선지자가 예언(預言)했다고 하면 그가 '앞일을 미리 말했다'고 할 수도 있지만, 하나님께서 내리신 '말씀을 맡아' 그것을 충실히 전달했다는 의미로 볼 수도 있다. 예(豫)를 사용했다면 미리의 의미로만 받아들이겠지만 예(預)를 사용했다면 보다 다양한 의미로 읽을 수 있는 것이다.

한자 표기를 담은 첫 우리말 성경은 1906년에 발간한 『국한문 신약전서』(國漢文 新約全書)이다. 이 성경에서는 예언이라는 단어뿐 아니라 예비, 참예 등까지 모두 예(豫) 대신 예(預)를 썼다. 우리가 지금 사용하는 성경에 예언(豫言)이라고 표기되어 있는 것과는 다른 현상이다. 구체적으로 살펴보자.(괄호 안의 한글 표기는 필자가 추가했다.)

> 諸先知者(제선지자)와 律法(율법)에 預言(예언)ᄒᆞᆫ 거시 요한ᄭᆞ지 至(지)ᄒᆞ엿스니(마 11:13)

上帝(상제)가 賜(사)ᄒᆞ신대로 我等(아등)의 得(득)ᄒᆞᆫ 恩惠(은혜)가 各異(각이)ᄒᆞ니 或(혹) 先知者(선지자) 되ᄂᆞᆫ 者(자)는 信(신)의 分數(분수)대로 預言(예언)을 ᄒᆞ고(롬 12:6)

惡(악)으로써 惡(악)을 報(보)치 말고 齊人前(제인전)에 善行(선행)을 預備(예비)ᄒᆞ라(롬 12:17)

誰(수)이던지 第一次復活(제일차부활)에 參預(참예)ᄒᆞᄂᆞᆫ 者(자)가 福(복)이 有(유)ᄒᆞ고 聖(성)ᄒᆞ도다(계 20:6)

『국한문 신약전서』 외에 게일(奇一) 선교사가 1925년 번역해 펴낸 『신역 신구약전서』(新譯 新舊約全書)에서도 예(預)를 사용했다. 1926년에 발간한 『선한문 관주 성경전서』(鮮漢文 聖經全書)에서도 전체적으로는 예(預)를 쓰고 모세오경에만 예(豫)를 사용했다. 이처럼 초기 성경 번역본에서는 예(預)가 더 많이 사용되었고 예(豫)와 예(預)가 동시에 사용되기도 했다. 하지만 시간이 흐르면서 이러한 표기는 변화를 맞게 된다. 1964년에 나온 『간이 국한문 관주 성경전서』(簡易 国漢文 聖經全書)에서는 예언(豫言)으로 표기되었다. 오늘날까지도 성경에 나오는 모든 예언은 예언(豫言)으로만 쓰여 있다.

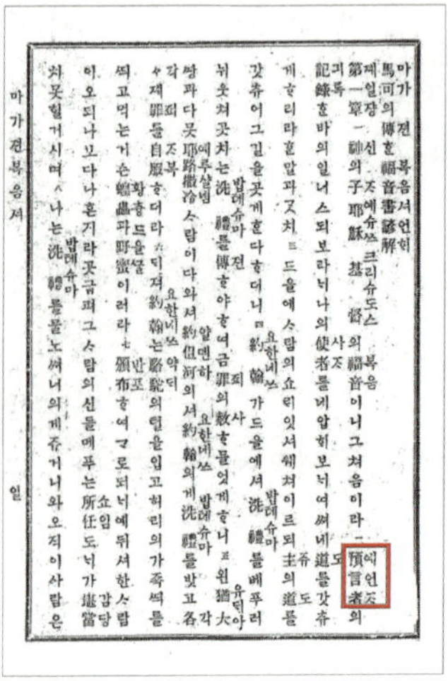

• 이수정 역, 『마가젼복음셔언히』(1885), 1장 부분.

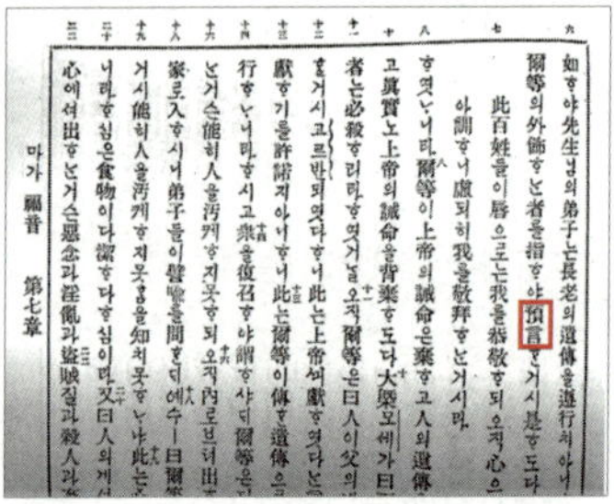

• 『국한문 신약전서』(1906), 마가복음 7장 부분.

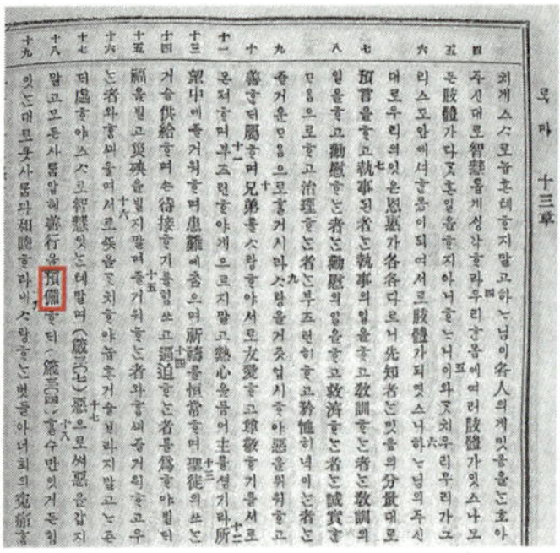

• 게일 역, 『신역 신구약전서』(1925), 로마서 13장 부분.

'미리'를 포함한 '맡김'의 의미: 예(豫) 너머 예(預)

별로 중요하지 않게 보일 수도 있지만 '예'라는 글자를 어떻게 이해하느냐의 문제는 오늘날 목회자의 자기 인식, 성도들로부터 요구되는 목회자의 태도와 연관된다. 성경에서 하나님의 말씀을 받아 그 말씀을 백성에게 전하고 그 말씀대로 어떤 일을 행하는 사람을 예언자나 선지자 혹은 선견자 등으로 부르며, 그들이 하는 말을 '예언'이라고 한다.

그런데 오늘날에는 예(豫)나 선(先)의 '미리, 먼저'라는 뜻만 강조되고 있다. 그래서 목회자나 성도 대부분이 '미리, 먼저' 아는 것에 과도하게 신경 쓰고 미리 알기를 바라는 듯하다. 성도들은 어렵고 답답할 때 목회자를 찾아가 어떻게 하면 좋을지를 물어본다. 무언가 듣거나 본 것이 있으면 알려달라고 목회자에게 대놓고 요구하기도 한다. 목회자 역시 답답한 마음으로 성도와 함께 아파하며 함께 기도하지만, 앞으로 있을 일을 미리 알고 있다는 듯 말하고 싶은 유혹을 느끼거나 그래야만 할 것 같다고 생각하기도 한다.

그런데 예언을 예언(豫言)이 아닌 예언(預言)으로 이해하면 하나님의 뜻, 성경의 의미를 보다 잘 이해할 수 있다. 하나님은 어떤 사람을 지정하여 그에게 말씀하며 지시하셨다. 그리고 그런 사람은 선지자나 선견자, 예언자 등으로 불렸다. 성경을 보면 하나님이 그에게 '앞으로' 어떤 일이 이뤄질 것이라고 미리 말씀하시는 경우도 있지만 '지금 당장' 누구에게 어떤 말을 하라고 지시하시는 경우도 많다. 즉 미래 일뿐만 아니라 현재 일을 말씀하며 지시하실 때도 많다는 것이다. 전자의 경우 앞으로 일어날 일을 '미리 말씀하신다'는 의미이지만, 후자의 경우

'맡은 말씀'을 가지고 지정된 장소에 가서 전한다는 의미이다. 전자의 경우 '예'는 '미리'이고 후자의 경우 '예'는 '맡기다'이다. 같은 예언이지만 두 단어의 의미가 달라진다. 미리 말하는 것인가, 맡은 말씀을 전하는 것인가의 차이이다. 이 점을 생각하면서 『개역개정』으로 신명기 18:18-22를 읽어보자.

> 내가 그들의 형제 중에서 너와 같은 선지자 하나를 그들을 위하여 일으키고 내 말을 그 입에 두리니 내가 그에게 명령하는 것을 그가 무리에게 다 말하리라 누구든지 내 이름으로 전하는 내 말을 듣지 아니하는 자는 내게 벌을 받을 것이요 만일 어떤 선지자가 내가 전하라고 명령하지 아니한 말을 제 마음대로 내 이름으로 전하든지 다른 신들의 이름으로 말하면 그 선지자는 죽임을 당하리라 하셨느니라 네가 마음속으로 이르기를 그 말이 여호와께서 이르신 말씀인지 우리가 어떻게 알리요 하리라 만일 선지자가 있어 여호와의 이름으로 말한 일에 증험도 없고 성취함도 없으면 이는 여호와께서 말씀하신 것이 아니요 그 선지자가 제 마음대로 한 말이니 너는 그를 두려워하지 말지니라

선지자를 '먼저 안 자, 그래서 미래를 말하는 자'보다는 '하나님이 전하라는 말을 맡아 전하는 자'라고 이해할 때 이 말씀이 더 명확하게 이해된다. 선지자는 전하라는 말을 맡은 자, 즉 예언자(預言者)이다. 선지자에게는 맡은 말씀을 지정된 곳에 정

확히 전하는 임무가 있다. 또 유일한 참 신이신 하나님은 말씀한 대로 이루실 수 있기 때문에 전하라는 말 중 일부는 앞으로 일어날 일을 미리 말씀하시는 예언(豫言)이기도 하다. 그래서 예언(豫言)은 의미상 더 작은 단어이며, 예언(預言)은 예언(豫言)의 의미를 포괄하면서 동시에 다른 의미도 갖는 보다 큰 단어이다.

오늘날 목회자는 앞으로 있을 일을 미리 말하는 예언(豫言)이 아니요, 주님이 맡기신 말씀을 정확히 전달하는 예언(預言)을 하고 있다고 스스로의 역할을 다잡으면 어떨까? 그래서 성도들에게 앞으로 어떻게 될 것이라고 말해주는 게 아니라 그들이 주께서 주신 말씀에 집중하도록 돕는 역할을 했으면 한다. 성도들 또한 목회자에게 앞으로 어떻게 해야 잘 될지 미래의 일을 물을 게 아니라 주께서 주신 말씀, 맡기신 말씀이 무엇인지 정확히 알고 나아가는 데 도움을 달라고 요청하면 좋겠다.

설자리에 올바로 서야 화살을 과녁에 명중시킬 확률이 높아지고 사고도 예방할 수 있다. 또 피조물은 조물주의 의도를 충실히 수행할 때 존재 가치가 극대화된다. 시계가 아무리 예뻐도 시간에 맞춰 정확하게 돌아가지 않으면 누구에게든 쓸모없는 물건이 된다. '강'과 '예'의 의미를 되새기면서 목회 사역자, 설교자, 나아가 한 사람의 성도로서 우리가 서야 할 자리는 어디인지, 기준으로 삼아야 할 것은 무엇인지 돌아보기를 권한다.

전권 위임 대리인 사(使): '천사'에서 '사역'까지

어떤 일을 맡을 때에는 먼저 그에 적절한 직위를 갖추게 된다. 어떤 사람의 직위명을 보면 그가 하는 일과 결정권의 범위 등을 알 수 있다. 그래서 직위명은 함부로 쓰지 않는다. 시장 유고 시 그 역할을 대신하는 사람을 시장 '대행'이라 하며, 마찬가지로 의장의 역할을 대신하는 사람도 의장이라 하지 않고 '임시' 의장이라 한다. '대행, 임시'라는 단어를 반드시 넣는 이유는 권위의 종류, 범위, 의미 등이 다르기 때문이다. 일하는 사람 역시 직위명을 명확하게 인식해야 실수가 없다. 월권이나 직무 유기를 하지 않고, 누구의 뜻을 살펴야 하는지도 명심할 수 있다.

명분을 중시한 조선 시대에는 더 말할 것도 없다. 위계에 따라 모든 것을 명확히 구분했다. 직분명만 그렇게 한 것이 아니라 거처나 죽은 후 묘소 명칭까지 모두 명확히 구분했다. 예컨대 왕의 묘에만 능(陵)이라는 명칭을 사용하고 나머지 왕족은 원(園)이라 칭했다. 이런 원칙에 따라 벼슬아치의 직무 명칭도 명확히 구분했다.

이번 장에서는 이러한 맥락에서 '사'(使)를 살필 것이다. 성경이 처음 번역되던 시기에도 조선 시대 '사'의 용례는 그대로 살아 엄격히 적용되었다. 즉 특정 의미가 담긴 '사'라는 단어를 선택하여 성경을 번역한 것이다. 그렇게 해서 나온 단어가 '천사, 사도' 등이었다. '사'에 담긴 의미를 명확히 이해한 후 이 글자가 포함된 단어들을 다시 생각하면 묵상의 폭이 넓어질 것이다.

보냄받은 자, 사(使)

사(使)는 '사람'을 뜻하는 인(人)과 '관리'를 뜻하는 리(吏)가 합쳐진 글자이다. 글자가 이뤄진 원리만으로도 윗사람[人]이 아랫사람[吏]에게 일을 시킨다는 의미를 금방 파악할 수 있다. 오늘날 이 글자의 의미를 자전에서는 '~로 하여금 ~하도록 시키다'라고 설명하고 있다. 윗사람으로부터 어떤 일을 하라고 권위를 위임받은 관리이기에 일을 시킬 수 있다는 의미에서 그렇게 설명한 것이다.

한자의 뜻으로만 보면 령(令), 교(教), 견(遣)도 '사'와 마찬가지로 '시키다'와 비슷한 의미를 갖고 있다. 하지만 이 글자들은 각기 강조하는 바가 달라 구별하여 사용되었다. '령'은 '법령'과 같은 맥락이고 '교'는 왕의 '가르침'이라는 맥락이 강하며 '견'은 '보내다'는 의미가 강하다. '사'의 경우 역(役), 즉 일을 시킨다는 의미가 강한 글자이다. 19세기 어휘 용례 사전인 『조고자결』 2권에 이에 대한 설명이 자세히 나온다.

'사'는 본래 정부의 관료를 뜻하는 단어였다. 행정단위인 목(牧), 도호부(都護府) 등 지방 관청의 으뜸 벼슬을 사(使)라 했다. 중앙에서 지방에 파견하는 지방관에게 '사'를 붙여 부사, 목사, 도호부사 등이라 명명했고 외국으로 보내는 사람에게 '사'를 붙여 사신이라 했다. 한마디로 '사'는 임금이 자신의 권위를 부여하여 어떤 일을 하라고 보낸 관료를 뜻한다. 하나하나 살펴 이 용어의 함의를 깊이 생각해보자.

함의 1. '사'는 보낸 자와 같은 권위를 갖는다

특정 관료에게 '사'를 붙일 때 그 핵심 의미는 권위를 부여하는 것이다. 보내는 사람이 자신의 권위를 보냄받은 사람에게 부여하면, 보냄받은 사람의 권위는 보내는 사람의 권위와 동일한 것으로 인정된다. 그래서 보내는 사람이 직접 가서 결정하지 않아도 보냄받은 사람의 결정만으로 동일한 효력이 발생한다. '사'는 보낸 자와 같은 권위를 지닌다.

'사'로 보냄받은 자는 자신을 보낸 자와 동일한 권위를 인정받게 되므로 그 권위를 제대로 사용하고 그 권위에 걸맞은 품위를 유지해야 했다. 같은 원리로, 보냄받은 사람에게 한 행동과 대우는 보낸 사람에게 한 것과 동일한 것으로 간주되었다. 그래서 보냄받은 사람에게 무례히 행할 경우 엄히 다스렸다.

예를 들어보자. 조선 시대에는 왕의 명령을 받들어 해외나 국내 지역을 지나는 사신을 사객(使客)이라 불렀는데 각 지방을 다스리는 지방관, 요즘 사람들이 통칭 '사또'라고 알고 있는 지방관원들은 그 사객을 왕을 대하듯 잘 받들어야 했으며 그렇게 하지 않으면 죄를 물었다. 영조 4년(1728)에 왕의 명으로 호남 지방에서 치러진 시험을 감독하러 갔다가 돌아오던 윤상백(尹尚白)을 그 지방의 불량배가 막아서며 욕하는 사건이 발생했다. 불량배는 그 자리에서 장(杖)으로 엄히 다스려졌다. 며칠 후에 그 불량배의 동생이 와서 자기 형이 형벌 때문에 죽었다며 관청에서 행패를 부렸다. 물론 그 역시 벌을 받았다고 『승정원일기』 영조 4년 3월 4일에 기록되어 있다.

다음 날인 3월 5일 자 『영조실록』에는 이 사건에 관한 사헌부의 건의 내용이 다음과 같이 기록되어 있다. "공산현감 이경원(李慶遠)은 그 땅을 지키는 관원이 되어 아전들과 백성을 엄히 단속하지 못해 난민(亂民)이 사객(使客)에게 함부로 욕을 하도록 만들었습니다. 그리고 방백(方伯) 역시 잘 단속하지 못한 책임을 면하기 어렵습니다." 결국 공산현감 이경원은 직에서 쫓겨났다. 그리고 상급 관리자인 충청도 감사도 죄를 물었다.

이뿐만이 아니다. 봉변을 당한 윤상백에게도 죄를 물어야 한다는 논의가 있었는데 그때 언급된 내용은 이렇다. "지평(持平) 윤상백은 호남에서 시행된 시험을 감독하러 갔다가 돌아오는 길에 공산(公山)에 도착해 난민에게 혹독한 욕설을 들어 나라의 체통을 잃었으니 체차(遞差)하기를 청합니다." 윤상백이 당한 일을 두고 '나라가 체통을 잃은 일'이라 하고 있다. 왕정국가에서 나라는 곧 왕이다. 사헌부의 의견대로 윤상백은 직에서 물러나게 되었다.

한마디로 '사'는 자신을 보낸 자의 권위와 같은 권위를 지니기에 그의 품위는 보낸 자의 품위로 여겨진다. 그래서 '사'를 모독한 자는 나라, 즉 임금을 모독한 것으로 여겨져 당연히 벌을 받고, 동시에 모욕을 당한 '사' 역시 품위 있게 행동하지 못함으로써 왕의 체통을 훼손했다고 하여 죄를 물었다. 사객에게 그러한 대우를 한 것은 곧 왕에게 한 것과 같으므로 해당 지역 사또뿐 아니라 감사에게도 죄를 물은 것이다.

함의 2. '사'는 보낸 자가 시킨 일을 속히 한다

'사'는 윗사람이 아랫사람에게 일을 시킨다는 의미를 갖는다고 앞에서 설명했다. 즉 '사'는 왕으로부터 특정한 임무를 부여받아 그 일을 하러 가는 것이다. 어떤 일을 부여받았느냐에 따라 '사' 앞에 수식어를 붙여 명칭을 조금씩 달리했다.

예를 들어 암행어사(暗行御史)가 있다. 암행어사는 당하(堂下) 관원 중 왕의 측근 한 명을 지방 군현에 비밀리에 파견하여, 옷차림새를 위장해 몰래 다니며 활동하게 한 왕의 특명 사신이다. '암행'이라는 표현에서 잘 드러나듯 다른 어사와 달리 임명과 활동이 비밀리에 행해진다는 것이 특징이다. 감진어사(監賑御使)는 큰 흉년이 들거나 역병이 도는 등 나라에 재난이 발생할 때 그 실태를 조사하고 지방관들이 백성을 먹이고 구하는 진휼(賑恤) 활동을 잘하도록 감독하기 위해 왕이 파견한 사람이다. 감진어사는 구제 활동을 감찰하는 역할만 한다는 특징이 있으며 공개적으로 활동했다. 이 외에도 특정한 사실을 조사하기 위해 파견한 사핵어사(查覈御使)도 있었다. 이런 식으로 왕이 특별한 임무를 주고 '사'를 파견하면 '사'는 부여받은 그 임무를 수행한다.

'사'에는 '빨리하다, 빨리 조정으로 가다'라는 의미도 있다. 중국 자전 중 대표적인 책인 『설문해자주』에서는, 『춘추좌씨전』 노(魯)나라 양왕(襄王) 30년 2월 계미일의 "관리가 조정으로 달려가 물으니"라는 뜻의 "吏走問諸朝"(리주문저조)가 본래는 "使走問諸朝"(사주문저조)였다고 언급했다. 리(吏)가 본래는 사(使)라고 쓴 글자라는 것이다. 이어지는 언급에서는 '사'가 속질(速

- 『춘향전』을 10폭의 민화로 그린 〈춘향도 병풍〉에서 여섯 번째에 나오는 '변사또 생일잔치' 장면. 경희대학교 중앙박물관 소장.(좌)
- 〈춘향도 병풍〉 중 일곱 번째인 '암행어사 출두' 장면. 흥겨웠던 생일잔치가 암행어사 출두로 난장판이 된 모습이 잘 드러나 있다.(우)

疾), 즉 '빨리'라는 뜻이라고 설명했다. '사'는 왕의 특별 명령을 받은 사람이기에 맡겨진 일을 속히 하고 또 그 내용을 명령권자에게 속히 보고하는 사람이다.

함의 3. '사'로 지정된 것은 권위자에게 신뢰받는다는 표시

'사'는 보내는 자의 권위로 활동하기 때문에 아무나가 아니라 왕의 측근, 곧 왕의 신뢰를 받는 사람이 지정된다. 그러므로 어사가 된다는 것은 왕의 신임, 왕의 고임을 받는다는 강력한 증거이다. 그만큼 '사'가 되는 것은 명예로운 일이다.

'사'는 전권을 가지고 결정한다. 물어보고 지시를 기다려 처리하는 것이 아니다. 그가 하는 일은 왕이 직접 하는 것과 같은 효력을 지닌다. 왕은 자신의 마음속 생각을 어사에게 명확히 알려주고 그를 보낸다. 모든 경우의 수를 다 말해서 보낼 수는 없기 때문에 모든 사항이 왕의 뜻대로 결정되기 위해서는 평소 왕의 마음을 잘 알고 있는 사람이 '사'가 되어야 한다. 그러므로 '사'는 보낸 이의 의도와 생각을 항상 잘 파악하고 기억하면서 움직이려 한다. 그것이 자신을 신뢰해서 보낸 이에 대한 충성이라 여겼다.

'사'가 왕의 신뢰를 받아 전권을 행사하는 대표적인 예가 암행어사의 봉고파직(封庫罷職)이다. 우리가 잘 아는 『춘향전』에서 암행어사는 남원 부사로 부임한 변학도의 폭정을 파악하고 예상치 못한 때에 출두하여 봉고파직을 단행한다. 여기에서 봉고(封庫)는 창고를 봉하여 잠그는 일이고, 파직(罷職)은 직책에서 내쫓는다는 뜻이다. 해당 수령이 문제가 있다고 판단하여 어사가 해당 관가의 창고를 잠그면 모든 출납이 정지되고 수령의 업무도 즉시 정지된다. 어사의 전결로 즉시 시행되는 봉고파직은 왕의 국정 방향을 잘 알고 왕의 권위를 부여받은 어사이기에 할 수 있는 일이었다.

어떤 일을 하라고 보냄받은 천사, 사도

성경에서 '사'가 사용된 대표적인 예로 천사와 사도를 들 수 있다. 먼저 천사(天使)에 관하여 생각해보자. 사람들은 보통 천사라고 하면 흰 날개가 달린 형상을 떠올린다. 하지만 천사는 하늘을 날아다니는 존재로 인식할 것이 아니라 하나님께 특정한 일을 지시받아 그 일을 하는 존재로 인식해야 옳다. 구약이나 신약 곳곳에서 볼 수 있듯이 하나님은 천사를 보내 특정한 일을 하게 하셨다.

창세기 19장에서 하나님은 천사를 보내 멸망하는 소돔 땅에서 롯을 이끌어 구하라 하셨고, 사무엘하 24장에서는 인구조사에 대한 벌로 천사를 보내 사흘간 전염병이 돌게 하여 다윗과 그의 백성을 치셨으며, 열왕기상 19장에서는 천사를 보내 로뎀나무 아래에서 엘리야를 먹이셨다. 누가복음 1장에서는 천사를 보내 제사장 사가랴에게 요한이라는 아들이 태어날 것을 알리셨고, 사도행전 10장에서는 고넬료에게 천사를 보내 베드로를 청하라고 명령하셨다. '하나님'[天]이 보내서 '특정한 일'을 하게 한 '사자'[使]이기에 '천사'라는 단어로 표현한 것이다. 천사는 하나님의 지시를 받아 정확히 그 일을 수행하고 갔다.

사도(使徒)라는 단어도 생각해보자. 예수께서는 제자들을 사도로 세워 여러 고을에 보내셨다. 그리고 그들에게 보냄받은 곳에서 복음을 전하라는 임무를 주시며 '주님의 권위와 권능'을 부여하셨다.

> 이 때에 예수께서 기도하시러 산으로 가사 밤이 새도록 하나님께 기도하시고 밝으매 그 제자들을 부르사 그 중에서 열둘을 택하여 사도라 칭하셨으니(눅 6:12-13)

> 예수께서 그의 열두 제자를 부르사 더러운 귀신을 쫓아내며 모든 병과 모든 약한 것을 고치는 권능을 주시니라 …가면서 전파하여 말하되 천국이 가까이 왔다 하고 병든 자를 고치며 죽은 자를 살리며 나병환자를 깨끗하게 하며 귀신을 쫓아내되 너희가 거저 받았으니 거저 주라(마 10:1, 7-8)

천사나 사도를 보내는 것은 단순히 심부름꾼을 보내는 것이 아니라 그들이 행하는 것은 절대자가 직접 움직이는 것과 같다. 말씀대로 보냄을 받은 사도들은 각 지역에서 주님이 직접 하시는 것과 같은 권능을 행했다.

보냄받은 사도는 보내시는 분의 권위를 부여받기 때문에, 사도에게 하는 것은 곧 그를 보내신 주님께 하는 것과 똑같이 여겨졌다. 다음 예에서 볼 수 있듯 예수께서는 '너희'를 영접하는 자가 '나'를 영접하는 것이라고 말씀하셨다.

> 누구든지 너희를 영접하지도 아니하고 너희 말을 듣지도 아니하거든 그 집이나 성에서 나가 너희 발의 먼지를 떨어 버리라 내가 진실로 너희에게 이르노니 심판 날에 소돔과 고모라 땅이 그 성보다 견디기 쉬우리라 …너희를 영접하는 자는 나를 영접하는 것이요 나를 영접하는 자는 나를 보내신 이를 영접하는 것이니라(마 10:14-15, 40)

특사와 사역

'사'는 조선 시대의 용어가 오늘날까지 그대로 사용되고 있는 대표적인 예이다. '특사'라는 단어만 보아도 금방 알 수 있다. 대통령의 복심(腹心)을 아는 사람이 특사로 파견되어 대통령의 의중을 전달하고 주어진 일을 감당한다. 지난 정부에서 대통령 비서실장, 국무총리 등이 특사로 외국에 파견되었다. 아무 공직자나 보내는 것이 아니라 보내는 이의 뜻을 잘 아는 사람을 엄선해서 보낸다. 그래서 누가 특사로 임명되느냐가 관심의 대상이 된다.

오늘날 종교적 맥락에서도 '사'가 많이 사용된다. 우선 목사(牧師)라는 단어는 한자어의 구성이 다르다. 특정한 일을 위하여 한시적으로 파견된다는 의미와는 거리가 있으며 '가르침'을 담당한다는 특징 때문에 사(使)가 아닌 사(師)를 쓴다.

교회 신자들이 사(使)를 가장 많이 사용하는 용례는 사역(使役)이다. "어디에서 사역합니까?", "어떤 사역을 맡고 있습니까?", "사역지를 찾고 있습니다", "사역자입니다" 등 교회와 관련된 일을 보통 '사역'이라고 부른다.

앞서 설명했듯 '사'는 특정한 일을 하라고 보냄받은 사람이다. 그러니 '사역을 하고 있다'고 말하려면 정말 하나님이 시키신 일을 하고 있는지, 정말 지금 있는 곳이 하나님께서 보내신 곳인지를 잘 살펴야 한다. 교회와 관련한 일을 한다고 해서 다 사역이 아니다. 또한 교회나 선교회가 다 사역지인 것도 아니다. 스스로 생각하여 간 곳, 자기 뜻대로 결정하여 하고 있는 일은 사역지도, 사역도 아니다. 하나님은 교회가 아닌 회사나 공장, 학교에도 사역자를 보내 특정한 일을 하라고 명하실 수 있다. 정말 하나님이 하라고 하신 일을 하고 있는 사람이 하나님으로부터 보냄받은 사람임을 늘 기억해야 한다.

'사'는 가장 믿을 만한 사람, 보내는 이의 뜻을 잘 아는 사람을 지정하여 보낸다고 했다. 그러니 '사'로 보냄받는 것은 큰 명예이자 영광이다. 사역을 하는 것보다 더 큰 영광이 없다. 누가 뭐라고 하든지 '하나님이 지정하여 보내신 사람'이라는 생각 위에 설 때 늘 평안하고 담대할 수 있다.

보냄받은 이는 보내신 분의 마음을 항상 잘 살펴야 한다. 하고 싶은 대로 하면 '사'가 아니다. 보냄받은 자에게 가장 필요한 것은 보내신 분의 마음을 읽는 것이다. 그래서 보내신 분과의 관계를 늘 긴밀하게 유지하고 그분의 특정 명령을 되새겨야 한다.

'사'는 보낸 이의 권위를 부여받았기에 보낸 이의 품위에 맞게 행동해야 한다고 했다. "우리는 구원 받는 자들에게나 망하는 자들에게나 하나님 앞에서 그리스도의 향기니"(고후 2:15)라는 말씀을 이와 연결 지어 떠올릴 수도 있다. '사'의 행동이 그리스도를 드러낸다.

'사'는 속질(速疾), 즉 '빨리'라는 의미를 가진다고 했다. 권위자에게 특정한 명령을 받았으니 꾸물거릴 수도 없고 다른 데 신경 쓸 겨를도 없다. 빨리 달려가 그 일을 행하고 보고해야 한다. 하나님의 사역자라면 당연히 그렇게 해야 할 것이다. 이런 맥락에서 "맡은 자들에게 구할 것은 충성이니라"(고전 4:2)라는 구절을 떠올리기를 권한다.

완악(頑惡)하고 패역(悖逆)한 '자식'

어릴 적부터 성경을 읽다가 유난히 기억에 남는 표현이 있었다. '목이 곧은'이라는 말이었는데 '목이 곧은 백성', '목이 곧은 사람'이라는 구절을 보면서 '감사할 줄 모르는' 정도의 의미일 것이라고 막연히 생각했다. 그래서 누군가에게 무슨 일을 해주고 감사 인사를 받지 못하면 '저 사람은 목이 곧은 사람이군' 하고 구시렁거리던 때가 있었다. 그러다 최근 신명기 21장에서 "완악하고 패역한"이라는 구절을 읽다가 문득 그 기억이 다시 떠올랐다. 이 장에서는 그때 오해한 것도 바로잡고 세월이 흘러 새로 깨닫게 된 의미도 함께 나누려고 한다.

강철같이 굳게 악함을 지키는 완악(頑惡)

'목이 곧은'이라고 번역된 부분에서 '곧은'은 성경에서 완악(頑惡)이라고 번역된 단어와 같은 어근을 쓴다. 예를 들어 출애굽기 33:3에 "너희를 젖과 꿀이 흐르는 땅에 이르게 하려니와 나는 너희와 함께 올라가지 아니하리니 너희는 목이 곧은 백성인즉 내가 길에서 너희를 진멸할까 염려함이니라"라고 했는데 이때 '곧은'이라고 번역된 히브리어는 형용사 קָשֶׁה(카셰)이고 이 단어의 기본 동사는 קָשָׁה(카샤)이다. 이 단어는 성경에서 '완악한 백성'이라고 번역된 부분에도 쓰였다. 예컨대 출애굽기 13:15 말씀인 "그 때에 바로가 완악하여 우리를 보내지 아니하매"에서 '완악'이라는 단어의 원어가 קָשָׁה(카샤)이다. 한마디로 '목이 곧다'는 것은 '완악하다'는 뜻이다.

완악(頑惡)이라는 단어에서 '악하다'를 뜻하는 '악'은 모르는 사람이 없을 터이니 '완'이라는 글자에 집중해보자. 완(頑)은 '완고하다, 미련하다, 욕심이 많다, 둔하다, 사납다' 등의 뜻을 가진 단어이다. 각 의미가 따로따로라기보다 사실 다 이어진다고 볼 수 있다. 미련하고 욕심이 많아 옆에서 아무리 목이 터져라 좋은 이야기, 옳은 이야기, 경고의 말이나 다가올 일을 암시하는 말을 해줘도 둔하여 알아듣지 못하거나 듣기 싫어하며 자기 하고 싶은 대로 하면서 변하지 않는 경우를 말한다.

특히 악한 행위를 하는 사람이 '완'의 특성까지 겸했다면 시칫말로 '징그럽게 말을 안 들어 처먹는' 사람이라는 말이다. 절대 변하지 않는 강철 같은 '굳음'과 '악함'이 결합되었다고 생각해보라. 그 굳음이 옳은 것, 좋은 것을 지키는 굳음이 아니라 악함을 굳게 지키는 굳음이다. 갖은 방법으로 아무리 어르고 달래도 자신의 악함을 굳게 지키는 미련한 사람이 완악한 사람이다.

완악의 핵심은 주제넘은 자기 의이다. 자기가 옳다고, 자기에게 있는 것이 자기 소유라고, 자기가 제일이라고 생각하는 이는 주변의 그 어떤 말도, 권고도, 경고도 무시하고 자기만을 내세운다. 하지만 사람은 누구나 여러 관계 가운데 살고 있으며 모든 상황을 다 알지는 못하기 때문에 항상 잘못할 가능성이 있는 존재이다. 그래서 어떤 관계에 있느냐, 어떤 상황에 있느냐에 따라 다른 이의 통제에 따르기도 하고 다른 이의 권고를 진지하게 고려하며 살아야 하는 것이다. 그것이 인간의 당연한 분수이다. 완고한 이는 그것을 받아들이지 않기에 늘 자기만을 고집하며 바꾸지 않는다. 완고는 그런 면에서 '주제넘은' 사람의 특성이다.

조선 시대 초기의 법전인 『경국대전』의 "형전"(刑典)에 원악향리(元惡鄕吏) 조가 있다. 풀이하자면 원(元)은 으뜸, 근본이라는 뜻이니 '매우 악한 향리 혹은 근본적으로 악한 향리를 다스리는 조항'이라는 말이다. 각 지방에서 대대로 터를 잡고 사는 최하급 관리인 향리는 횡포로 늘 문제가 되었다. 중앙에서 파

犯盜者亦刺字○冒出外境偷取彼人財物者絞盜内地物轉賣彼境者以潜賣禁物論並勿揀赦前○凡贓贖物送戶曹○凡被盜者詳錄所失物件形標告官受立案以憑後考

元惡鄕吏

元惡鄕吏操弄守令專權作弊者陰受貨賂差役不均者收稅之際橫斂濫用者冒占良民隱蔽役使者廣置田庄役民耕種者橫行里閭侵漁營私者趨附貴勢邀避本役者避役在逃隱接村落者假仗官威侵虐民人者良家女及官婢作妾者許人陳告亦許本官京在所告司憲府推劾科罪犯徒者永屬本道殘驛吏犯流者永屬他道殘驛吏守令知而不舉劾者以制

• 『경국대전』의 "형전"(刑典) 중 원악향리(元惡鄕吏) 조.

견되는 관리인 수령은 몇 년이면 곧 바뀌니 향리는 사실상 자신이 그 지방의 최고 실력자인 양 굴었다. 지방 향리 세력의 횡포가 계속되자 그들을 처벌하고자 만든 것이 원악향리법이다. 수령을 조롱하고 권력을 틀어쥐며 온갖 폐단을 일으키는 자, 부역이나 조세를 멋대로 부여하여 남용하는 자, 양민을 마음대로 끌어다 일을 시키는 자, 양갓집 딸이나 관비를 멋대로 제 첩으로 삼는 자 등을 벌한 규정이다. 얼마나 심하면 이런 법까지 만들었을까 싶다.

원악향리라는 이 사람들의 태도가 곧 완악이다. 그들의 죄는 분수를 알지 못하고 주제넘게 자기 멋대로 한 죄이다. 엄연히 향리는 수령 밑에서 수령의 통제를 따라야 할 아랫사람이다. 그런데 자기가 주인인 양 굴며 왕의 백성을 자기 것인 양 함부로 부리는 완악의 태도를 가졌기에 결국 철퇴를 맞아 깊은 시골에서 영구히 부역하며 살게 되었다.

주제넘은 완악의 결과

완악한 원악향리의 모습을 정확히 보여주는 예가 이집트의 왕 바로이다. 마음이 완악하여 열 가지 재앙에 이르러서야 이스라엘 백성을 내보낸 그는 그들을 다시 잡으려고 쫓아갔다가 결국 홍해에 빠져 죽었다. 『개역개정』 기준으로 성경에는 '완악'이라는 표현이 50번 나오는데 그중 16번이 바로를 설명할 때 사용되었다. 출애굽기의 열 가지 재앙 기사를 보면서 '나 같으면 한두 번 만에 혹은 두세 번 만에 손을 들었을 텐데 바로는 참 질기다'라고 생각한 적이 있을 것이다. 바로는 끝내 손을 들지 않았다. 아홉 가지 재앙을 다 겪고 마지막에 자기 아들까지 죽는 재앙을 겪고서야, 아니 아들을 잃고도 말을 듣지 않아 이스라엘 백성을 다시 쫓는 그 악함이 바로 완악함이다. 이집트도 하나님이 주인인 땅이고 이집트 왕도 하나님의 다스림을 받는 존재인 줄 모르고 자기가 주인인 양 행하던 완악함이 그를 망하게 했다.

여기까지는 남의 이야기, 이방 나라 왕의 이야기이니 마음이 가볍다. 문제는 하나님의 백성을 가리켜 '완악했다'고 말하는 여러 구절이다. 특히 완악이라는 표현이 자주 나오는 대목은 선지서인데 그중 예레미야서가 특히 그렇다. 유다가 망하는 바로 그 시기를 적은 것이 예레미야서이다.

예레미야 선지자가 주의 말씀을 전하던 때에 유다 왕국은 결국 종말을 맞았다. 하나님이 아무리 많은 선지자를 보내시고, 그 선지자가 목이 터져라 외쳐도 완악한 이스라엘은 변하지 않아 결국 나라를 잃고 포로가 되기에 이른다. 여호와께서 유대 땅에 남은 이들에게 "너희는 갈대아 인을 섬기기를 두려워하지 말고 이 땅에 살며 바벨론 왕을 섬기라 그리하면 너희가 평안하리라"(왕하 25:24)라고 말씀하셨지만 강철같이 굳게 악한 이스라엘은 "노소를 막론하고 백성과 군대 장관들이 다 일어나서 애굽으로"(왕하 25:26) 갔다. 예레미야 선지자는 "애굽에서 살려고 그리로 가지 말라"라고 여호와께서 말씀하셨다고 외쳤지만, 이들은 "네가 거짓을 말하는도다" 하면서 굳이 예레미야 선지자까지 끌고 애굽 땅으로 건너가(렘 43:1-7) 거기서 돌아오지 못했다. 이렇게 '굳게 악했다.'

누가복음 20장에서 예수께서 비유로 소개한 포도원 농부들도 그러한 예이다. 주인이 농부들에게 포도원을 세로 주고 타국에 있으면서 소출 일부를 받아 오라고 종을 보내자 그 농부들은 종을 죽였다. 나중에는 상속자까지 죽이고 유산을 차지하려 했는데 바로 이들의 모습이 주제넘은 완악한 자의 예이다. 그리고 그 비유의 대상인 서기관과 대제사장이 바로 주제넘은 완악한 자들이다.

도리를 어그러뜨리는 패역(悖逆)

성경에서 완악은 패역(悖逆)과 쌍을 이루며 나온다. 패(悖)는 어떠한 도리, 사리, 기준에서 벗어나거나 그것을 어지럽힌다는 의미이다. 요즘에도 매우 자주 쓰이는 단어로 "저 놈은 패륜아야", "어디서 행패야" 등의 표현에 나오는 패가 바로 이 글자이다. 인간의 도리에 어긋나면 '패륜', 인간의 체면에 어그러지는 행동은 '행패', 도리에 어긋나는 상스러운 말은 '음담패설'이다.

역(逆)은 '배반하다, 어기다, 거스르다' 등의 의미를 지닌다. 자연스러운 흐름이나 질서를 뒤집는다는 것이다. 이 글자의 반대말은 순(順)이다. 순은 '도리를 좇다, 이어받다, 순종하다'라는 의미이니 반대말인 '역'의 의미를 명확히 알 수 있을 것이다. 그래서 어떤 사람을 왕에게 고발할 때면 그가 왕과의 관계를 '뒤집으려' 했다는 것을 강조하면서 특히 '역' 자를 사용하여 말했다. 예를 들어 에스라를 보면 포로지에서 돌아온 사람들이 유대 땅에 성전을 짓고 성곽을 건축할 때 이것을 방해하려는 세력이 바벨론의 왕에게 글을 올리는데, 이때 유대인들을 '패역'하다고 규정하려 애썼다.

> 왕에게 아뢰나이다 당신에게서 우리에게로 올라온 유다 사람들이 예루살렘에 이르러 이 패역하고 악한 성읍을 건축하는데 이미 그 기초를 수축하고 성곽을 건축하오니(스 4:12)

왕은 조상들의 사기를 살펴보시면 그 사기에서 이 성읍은 패역한 성읍이라 예로부터 그 중에서 항상 반역하는 일을 행하여 왕들과 각 도에 손해가 된 것을 보시고 아실지라 이 성읍이 무너짐도 이 때문이니이다(스 4:15)

명령하여 살펴보니 과연 이 성읍이 예로부터 왕들을 거역하며 그 중에서 항상 패역하고 반역하는 일을 행하였으며(스 4:19)

'패' 자와 '역' 자가 합해지면 비슷한 의미가 병렬된 것이라 의미가 더욱 강력해진다. 정해진 도리나 기준 등을 어지럽히고 거스른다는 맥락이 매우 강해지는 것이다. 패역은 한자 용례상 '패천역리'(悖天逆理)를 줄인 말이다. 천리(天理), 즉 순리를 거슬렀다는 말이다. 여러 죄 중에서도 특히 천리, 순리를 어긴 죄에 대해서는 더욱 그 잘못을 명확히 밝히고 크게 벌하는 것이 일반적이었다.

가까운 관계를 깬 큰 죄

'강상죄'라는 것이 있다. 이 강상죄가 패역한 행위의 대표적 예이다. 강상의 법도는 유교 국가의 근간을 이루는 핵심 기둥이다. 삼강오륜이라는, 사람과 사람 사이의 관계를 규정하는 법도가 있는데 이 삼강오륜을 어지럽힌 죄가 강상죄이다. 삼강오륜을 보면 임금과 신하 사이, 부모와 자식 사이, 남편과 아내

사이에는 마땅한 기준이 있고 이를 넓혀 윗사람과 아랫사람 사이, 벗과 벗 사이의 바른 관계가 있다. 이들 관계가 순리에 따라 잘 결합된 사회가 좋은 사회이다. 이 순리를 어지럽히면 사회 전체가 무너진다고 하여 강상죄는 매우 크게 벌했다. 꼭 조선 시대만이 아니다. 오늘날에도 친인척 범죄는 가중 처벌되는데 조선 시대 강상죄와 같은 원리이다.

이 책 1부의 세 번째 장에 '사죄'와 '사유'를 설명하면서 잠깐 언급했듯이, 중국이든 조선이든 봉건국가에서는 용서받을 수 없는 큰 죄를 따로 십악대죄(十惡大罪)로 구분해놓고 이에 대해서 매우 무겁게 처벌했다. 이 십악대죄가 한마디로 강상죄요, 패역한 죄라고 할 수 있다.

십악대죄 중 모반(謀反), 모대역(謀大逆), 모반(謀叛), 대불경(大不敬)은 정도의 차이는 있으나 모두 임금과 관련된 것이고, 부도(不道)는 본래 잔혹한 살인 범죄를 가리키는 말이었다가 나중에는 역모 사건과 거의 같은 의미로 쓰였다. 이들 다섯 가지는 왕과 신하 사이를 어지럽힌 패역한 죄이다. 악역(惡逆)은 존속살해, 불효(不孝)는 부모를 저주하거나 장례를 치르지 않는 등의 행위, 불목(不睦)은 8촌 이내의 혈족을 해치는 행위, 내란(內亂)은 근친상간하는 경우 등이니, 이들 죄는 부모와 친척 간의 관계를 어그러뜨린 패역한 죄이다. 불의(不義)는 백성이 소속 관장을 죽이거나 군졸이 자기 상관을 죽이는 것, 상복을 함부로 다루거나 벗는 것, 상중인 여자가 시집가는 것 등 유교 사회에서 말하는 의리나 도리, 정의에 어긋나는 패역한 행위를 저지른 경우이다. 패역은 바로 이런 죄에나 붙이는 수식어이다.

열 가지 큰 죄에서 공통적으로 드러나는 것은 '관계성'이다. 왕과 신하의 관계, 부모와 자식의 관계, 친지나 형제 관계, 관장과 백성의 관계, 장군과 군졸의 관계, 남편과 아내의 관계 등 관계성이 먼저 전제되고 그 관계에서 마땅히 지켜야 할 도리를 어긴 경우가 패역한 죄이다. 범죄의 피해자와 가해자의 관계가 가까울수록, 관계가 도타울수록 그 관계에 반하는 행동은 큰 악이다. 누구나 그런 죄는 크게 벌을 받아야 한다고 생각한다.

여기에서 가슴 아픈 지점은 성경에 이 패역이라는 단어가 자주 나온다는 것이다. 우선 잠언을 보면 정직과 대비하여 악한 행동을 경계하는 과정에서 자주 나온다. 예를 들어 잠언 3:32 말씀인 "대저 패역한 자는 여호와께서 미워하시나 정직한 자에게는 그의 교통하심이 있으며" 등이다.

잠언에 나오는 건 '조심하라'는 훈계이겠거니 하며 넘길 수 있지만 문제는 선지서에 많이 나온다는 점이다. 이사야, 에스겔 등의 선지서에 타락한 이스라엘을 향한 경고로 이 단어가 자주 나온다. 『개역개정』 기준으로 이사야서에만 13번 나올 정도로 많다.

앞서 설명했듯이 패역이란 그저 그런 사소한 잘못에 쓰는 단어가 아니다. 순리를 뒤집고 질서를 뒤집고 하늘을 뒤집는 큰 죄에만 쓰는 표현이다. 누군가 패역한 행위를 했다고 규정되는 순간 그 사람은 살아남을 수 없는 흉악한 범죄자가 된다. 바로 그런 패역한 죄를 이스라엘이 저질렀다고 반복해서 나온다. 그래서 이스라엘의 멸망이, 유다의 포로 됨이 너무나 아프지만 당연한 일이 된다. '패역'이 무슨 의미인지, 어느 정도의 죄인지 명확하게 인식한 상태에서 성경을 읽으면 그 악함의 정도에 몸서리치도록 두려워질 것이다.

완악하고 패역한 '자식'아!

'완악'은 악함을 굳이 고집하며 고치려 하지 않는 행위요, 그 악함의 핵심은 자기의 위치를 정확히 파악하고 인정할 줄 모르는 주제넘음에서 나오는 것이라 했다. 또한 '패역'은 질서, 순리를 어그러뜨리고 뒤집는 것이라 했다. 이 두 단어는 같이 나오는 경우가 많은데 그것은 '관계성' 때문이다. 두 단어 모두 관계에 대해 잘못된 태도를 보이는 것이다. 상대에 대해 자기가 누구인지를 인식하지 못한 채 '자기만을 고집하는' 데에서 완악함이 나오고, 상대에 대해 자기가 어떤 존재인지 인식하지 못한 채 '함부로 하는' 데에서 패역함이 나온다.

완악과 패역은 악 중의 악이요, 잘못 중의 잘못이다. 그런데 여기서 놓치지 말아야 할 것이 있다. 성경에서 하나님이 이스라엘을 두고 "완악하고 패역한 자식아! 완악하고 패역한 백성아!"라고 부르신다는 사실이다. "내 손으로 지은 존재들아!"라고 부르신다는 사실이다. 이쯤 되면 이것은 경고라기보다 호소이다. 눈물 젖은 사랑의 호소이다!

> 너희의 패역함이 심하도다 토기장이를 어찌 진흙 같이 여기겠느냐 지음을 받은 물건이 어찌 자기를 지은 이에게 대하여 이르기를 그가 나를 짓지 아니하였다 하겠으며 빚음을 받은 물건이 자기를 빚은 이에게 대하여 이르기를 그가 총명이 없다 하겠느냐(사 29:16)

> 대저 이는 패역한 백성이요 거짓말 하는 자식들이요 여호와의 법을 듣기 싫어하는 자식들이라(사 30:9)

> 내가 종일 손을 펴서 자기 생각을 따라 옳지 않은 길을 걸어가는 패역한 백성들을 불렀나니(사 65:2)

하나님은 이스라엘을 그저 죽어 마땅한 '죄인'이라 부르지 않으시고 '자식, 백성'이라 부르셨다. 앞서 강상죄를 설명하면서 관계가 가까울수록 그 관계를 깨거나 어그러뜨리는 죄를 크게 본다고 했다. '관계가 가까울수록'에 집중해보면 은혜가 크다. 하나님 스스로 이스라엘과 그런 관계를 맺으셔서 그 관계에 계셨기 때문에 그들의 행동을 완악으로, 패역으로 부르신 것이다. 하나님이 기꺼이 이스라엘의 '아버지'가 되시고 이스라엘의 '왕'이 되셨다. 그리고 끝까지 그 관계를 끊지 않은 채 그들을 부르기 위해 끊임없이 선지자를 보내시고, 결국에는 완전한 구원자를 보내셨다. 그래서 우리는 완악하고 패역한 죄에 아파하며 울다가 우리를 완악하고 패역한 '자식아' 하며 부르시는 하나님을 보고 그 사랑에 감격해서 운다. 전에는 완악하고 패역한 자리에 있었으나 이제는 날마다 그 자리에서 벗어나 다른 곳으로 옮겨가야 할 것이다.

4부 / 정체성 이해

自由

진리를 알지니 진리가 너희를 자유롭게 하리라
(요 8:32)

너희가 죄의 종이 되었을 때에는 의에 대하여
자유로웠느니라 (롬 6:20)

天國

그가 우리를 흑암의 권세에서 건져내사 그의 사랑의
아들의 나라로 옮기셨으니 (골 1:13)

밭은 세상이요 좋은 씨는 천국의 아들들이요
가라지는 악한 자의 아들들이요 (마 13:38)

정/체/성/ 이/해

내가 누구인지 명확히 아는 것은 삶을 살아낼 힘이 되고 어떤 역경에도 흔들리지 않을 무게중심이 된다. 신앙생활에서는 더욱 그렇다. 성경은 우리가 누구인지를 여러 곳에서 명확히 알려준다. 그런 면에서 우리는 성경에 사용된 몇몇 단어를 평생 기억해야 할 것이다.

진리가 우리를 자유롭게 하리라고 했다.(요 8:32) 피조물도 썩어짐의 종 노릇 한 데서 해방되어 하나님의 자녀들의 영광의 자유에 이르기를 바란다고 했다.(롬 8:21) 여기에 나오는 '자유'(自由)는 모두가 아는 단어 같지만 각 사람에게 제각기 달리 이해되기도 하는 단어이다. 자유를 잘못 이해하면 방종에 빠지기 쉽고, 잘 이해하면 우리의 정체성을 충분히 누릴 수 있다.

사람마다 '천국'(天國)에 가기를 소망한다. 그런데 또 한편으로는 지금 세상이 천국이라고, 지금 세상에서 천국을 살아야 한다고 말한다. 천국을 장소로 이해하는 관점과 그렇지 않다고 하는 관점은 늘 충돌한다. 왜 그렇게 되었는지를 살피고, 우리에게 천국의 삶이 무슨 의미인지도 알아보자.

'기업'(基業)은 이윤 창출을 위해 운영하는 조직체인 기업(企業)과 전혀 다른 단어이다. 성도에게 기업이 어떤 의미인지 분명히 아는 것은, 성도 자신이 누구이며 무엇을 하는 사람인지, 무엇을 바라보고 살아야 하는지를 알게 되는 일이다. 그래서 한글 음가는 같지만 의미가 전혀 다른 기업이 성경에 있는 것이다.

여러 단어를 욱여넣은 자유(自由)

내 임금의 통치가 미치는 범위, 천국(天國)

받은 것이자 일구어야 할 것, 기업(基業)

여러 단어를 욱여넣은 자유(自由)

분명 같은 말인데 보고 듣는 사람마다 제각기 달리 이해해서 문제가 생기는 경우가 많다. 실체가 눈에 정확히 보이는 단어의 경우에는 덜하지만 실체가 보이지 않는 형이상학적인 단어는 사람마다 이해가 달라 오해의 가능성이 높다. 또한 중요한 의미를 담고 있는 단어일수록 문제가 커진다. 성경에 쓰인 '자유'(自由)가 그런 예이다. 요한복음 8:32에 나오는 "진리가 너희를 자유롭게 하리라"는 성도라면 누구나 되뇌는 말씀이며 기독교 대학의 표어로도 사용되는 구절이다. 그런데 자유에 대한 이해가 사람마다 다르다. 누구는 '방종'을 연상하고 누구는 '천부인권'과 관련된 개념으로 이해한다. 자유를 잘못 이해한 탓에, 진리이신 주님을 믿기만 하면 자유니 이후로는 맘대로 해도 천국에 간다는 식으로 생각하기까지 한다.

자유에 대해 이런 오독 현상이 벌어지는 것은 왜일까? 그것은 자유의 의미가 하나가 아니기 때문이다. 이전에는 각기 다른 맥락에서 쓰이던 여러 단어가 하나의 단어 '자유'로 욱여넣어졌기 때문이다. 게다가 자유의 의미가 근대 이후로 넘어오면서 달라지기까지 했다. 다시 말해 전근대에 쓰이던 여러 단어가 현대로 오면서 '자유'라는 한 단어로 통합되었다. 그래서 자유에는 여러 의미의 갈래가 있는데, 그중 하나의 의미로 나머지 모든 경우에 대입해서 이해하면 오독이 생기는 것이다.

어떤 단어들이 오늘날 자유로 통합되었는지를 알아볼 텐데, 그 전에 먼저 자유가 본래 어떤 의미였다가 오늘처럼 변하게 되었는지 살피자.

육체의 움직임이 구애받는 상황에만 쓰던 자유(自由)

조선에서 자유(自由)는 아주 한정된 용법으로 좁은 의미에서만 사용되었다. 한마디로 '행동거지에 구애를 받느냐'를 표현할 때에만 썼다. 옥에 갇힌 죄인의 상황이나 타인에게 조종되는 사람의 행동을 언급할 때에만 썼기에 자유는 부정적인 단어로 인식되었다. 사람들은 자유라는 단어가 나오면 자연스레 '갇힌 죄인', '남에게 조종당하는 사람' 등 부정적인 이미지를 떠올렸다.

『조선왕조실록』과 『경국대전』 그리고 조선 문인의 문집과 일기 등에서 자유의 용례를 살펴보면 행동거지에 관한 문제, 즉

• 김윤보, 『형정도첩』 중. 목에 칼을 채우고 발목에 착고를 채워 맘대로 움직이지(자유하지) 못하게 한 모습.

• 김윤보, 『형정도첩』 중. 발목에 착고를 채운 채 매를 치는 모습.

들고 남[出入], 굽히고 폄[屈伸], 앉고 일어섬[坐起], 앉고 누움[坐臥] 같은 육체적 움직임을 표현할 때만 썼음을 확인할 수 있다.

가령 득자유(得自由), 출입자유(出入自由), 진퇴자유(進退自由), 불능자유(不能自由), 미득자유(未得自由)에 쓰여서 '스스로의 뜻대로 신체를 움직이다'라는 뜻을 나타냈다. 또한 자유는 명사가 아니라 '자유로이 하다'와 같은 동사로만 쓰였다.

예를 들어 『태종실록』 12년 6월 26일 기록을 보면 "아무개를 방 가운데에 가두어두고 창구멍을 내어 음식을 통하고 오줌을 누는 것도 마음대로 하지 못하게 했다"[2]라는 내용이 나온다. 원문에서 '불능자유'(不能自由)라고 썼는데 이것은 움직임을 마음대로 하지 못한다는 뜻이다. 의미를 명확하게 이해하도록 문장으로 설명하겠다. 다음 문장은 무슨 뜻일까?

옥에 갇힌 아무개가 自由(자유)롭게 되었다.

아마도 많은 독자가 '옥에서 풀려났다'는 의미로 읽을 것이다. 하지만 전근대 조선에서는 그런 뜻이 전혀 아니었다. 자유는 '구애받지 않고 마음대로 움직일 수 있느냐'의 여부에만 쓰는 단어라고 했다. 그러니 이 문장은 옥 안에서 마음대로 움직일 수 있게 되었다는 뜻이다. 사극에서 종종 볼 수 있듯 옥에

2 『태종실록』 12년 6월 26일: 閉之房中, 穴牖以通飮食, 至溲溺不能自由.

갇힌 죄인은 목에 큰 칼을 차고 있기에 움직임이 불편하다. 그런데 그 칼을 풀어주면 옥에 갇혀 있더라도 몸을 굽히거나 펴거나 앉거나 일어서는 등 마음대로 할 수 있기에 '자유(自由)롭다'라고 할 수 있다. 옥에 갇힌 죄수를 자유롭게 해주었다는 표현은 그를 옥에서 내보냈다는 말이 아니라 옥 안에서 마음대로 움직이게 해주었다는 의미이다. 옥에 갇힌 죄인을 공식적으로 풀어주는 경우에는 방석(放釋)이라고 했다.(방석의 용법은 뒤에서 다시 설명할 것이다.)

언어의 변화와 '자유'로 통합된 단어들

모든 사상과 개념은 언어를 통해서 전달된다. 새로운 개념이 수입되면 그에 해당하는 번역어를 새로 만들거나 기존에 있던 단어의 개념을 변화시켜 사용한다. 이러한 단어는 언중(言衆, 그 언어를 사용하는 사람들)에게 정착하기까지 상당한 오해와 마찰의 시간을 거치는 게 일반적인데, 우리나라의 근대 변혁기도 예외가 아니었다. '자유'가 바로 그런 과정을 겪은 예이다.

앞서 설명한 대로 자유는 조선 시대에도 널리 쓰이던 단어이다. 그런데 근대 개념이 유입되면서 프리덤(freedom)이나 리버티(liberty)의 번역어로 자유가 선택되었다. 육체적 행동거지의 구애 여부를 나타내거나 부정적인 상황에서만 쓰이던 단어가 근대의 천부인권적 개념이 담긴 프리덤, 리버티의 번역어로 사용되자 이전에 쓰이던 뜻과 새로 담긴 뜻 사이에 괴리가 생기면서 한동안 물의가 빚어졌다.

성경 번역자들은 이 문제에 주목했다. 자유의 의미를 부정적인 맥락에서 이해하고 있던 우리나라 사람들이 복음을 오해할까 봐 초기 성경 번역자들은 성경에 자유라는 표현을 쓰기를 매우 꺼렸다. 예를 들어 만주에서 출간된 최초의 우리말 신약성경인 로스 역 『예수셩교젼서』(1887)에는 단 한 차례도 자유라는 단어를 쓰지 않았다. 몇 년 후 우리 땅에서 만들어진 최초의 한글 완역 성경 『셩경젼서』(1911)에는 '자유'를 조선 시대 용법과 맥락에 딱 들어맞는 소수 문장에만 썼다. 그러다가 사회 전반적으로 사람들이 '자유'를 비교적 오해 없이 쓰거나 받아들이게 된 때인 『셩경 개역』(1938)에 와서야 비로소 이 단어를 여러 곳에서 사용했다.

언어는 늘 변한다. 시간의 흐름에 따라 쓰던 단어가 없어지기도 하고, 새로 생기기도 하며, 의미가 바뀌어 사용되기도 한다. 또 여러 단어가 한 단어로 통합되기도 한다. 자유가 그 마지막에 해당하는 사례이다. 다양한 상황에서 각기 다른 의미로 쓰이던 몇몇 단어가 점점 자유라는 한 단어로 통합되어 오늘에 이르게 되었다. 그렇다면 성경에서 어떤 단어들이 나중에 '자유'로 통합되었는지 정리해보자.

용례 1. 신체 움직임의 구애 여부를 표현하는 '자유'

앞서 '자유'는 신체 움직임의 구애 여부에 관련해서만 사용하는 단어라고 했다. 이 경우 자유는 '마음대로, 멋대로'에 가까운 의미라고 볼 수 있다. 예를 들어 욥기 39:5는 『셩경젼셔』에서 "누가 들 라귀를 노하 ᄌᆞ유ᄒᆞ게 ᄒᆞ엿스며"라고 표현했다. 나귀가 놓여나 움직임을 멋대로 한다는 뜻이니 조선 시대에 좁은 의미로 쓰이던 자유의 본래 용법과 같기에 『셩경젼셔』에서도 '자유하게'라고 썼고 그 표현이 지금 성경에도 그대로 쓰인다.

용례 2. '임의, 자행자지'가 '자유'로

신체 움직임의 구애 여부를 표현하던 자유는 요즘 말로 하면 '마음대로, 멋대로'의 의미에 가깝다고 했다. 『셩경젼셔』에서는 이 점을 더욱 명확히 하여 문맥상 그러한 의미를 표현해야 하는 부분에 '자유'를 쓰기도 하고, 동시에 '임의로'나 '자행자지'를 쓰기도 했다. 임의(任意)가 '자기 맘대로'의 뜻임을 누구나 알 것이기에 더 설명할 필요는 없을 것이다. 자행자지(自行自止)는 '스스로[自] 행하고[行] 스스로[自] 그친다[止]'로 '자기 마음대로 했다가 말았다가 한다'라는 부정적인 뜻의 단어이다.

예를 들어 고린도전서 8:9는 『셩경젼셔』에 "너희 ᄌᆞ유홈이 약ᄒᆞᆫ 사람의게 것치ᄂᆞᆫ 거시 될가 두려워 ᄒᆞ라"라 썼고 지금 성경에도 여전히 "너희의 자유가…"라고 쓰고 있다. 약한 사람이 보고 흔들리지 않도록 '멋대로' 행동하지 말라는 말이다. 자유라는 단어를 단 한 번도 사용하지 않은 로스 역 『예수셩교젼셔』에서는 이 단어가 들어갈 곳에 대부분 '자행자지'를 썼다. 고린도전서 8:9에 "오직 삼가ᄒᆞ여 너희 자힝자지ᄒᆞ다가 아무 거스로 연약ᄒᆞᆫ 쟈의게 너머지게 ᄒᆞ물 저퍼ᄒᆞ라"라고 쓴 것이 그 예이다.

용례 3. '자주, 자주장'이 '자유'로

자주(自主)는 현대에도 쓰이는 단어로 '스스로 주체가 되어 움직이고 판단한다' 즉 '스스로 주관하다, 스스로 주장하다'라는 의미이다. 본래는 자주장(自主張)이라고 썼는데 이것을 줄여 '자주'가 된 것이다. 처음에는 이런 의미를 살려 '스스로 주관하다'라는 맥락에서는 '자주'로 번역하다가 몇십 년이 지나 성경을 개정할 때 '자주'를 '자유'로 통폐합하여 썼다.

예를 들어 종은 주인의 뜻과 생각과 지시에 따라 움직인다. 하지만 종이 아닌 사람은 스스로 판단하고 결정하여 행동한다. 자기 스스로를 주관하고 자기에 대한 권리를 갖는다는 뜻이다. 그래서 『셩경젼셔』에서는 그 의미에 정확히 맞는 단어 '자주'를 써서 갈라디아서 3:28을 "죵이나 ᄌᆞ쥬ᄒᆞᄂᆞᆫ 쟈나"라고 번역했다. 골로새서 3:11도 종과 상대되는 사람을 자주지인(自主之人)이라 하여 "죵이나 ᄌᆞ쥬지인이"라고 옮겼다.

이런 예가 많다. 로마서 8:21도 『개역개정』에는 "그 바라는 것은 피조물도 썩어짐의 종 노릇 한 데서 해방되어 하나님의 자녀들의 영광의 자유에 이르는 것이니라"라고 옮겼지만 『셩경젼셔』에서는 "ᄌᆞ쥬쟝홈에 니를 거시니라"라고 썼다. 고린도전서 7:39 역시 『셩경젼셔』에서는 "남편이 죽으면 ᄌᆞ쥬ᄒᆞ야"라고 썼다. 남편이 살아 있는 동안에는 아내가 남편의 보호나 통제(?) 가운데 있지만 남편이 죽으면 스스로를 주장한다는 맥락에서 "ᄌᆞ쥬ᄒᆞ야"라고 표현한 것인데 『성경 개역』 이후에야 "남편이 죽으면 자유하야 자기 뜻대로"라고 쓰게 되었다.

용례 4. '방석'이 '자유'로

방석(放釋)은 조선 시대의 법률 용어이다. '방'과 '석'은 모두 '놓아주다'라는 뜻으로, 결정권자가 공식적으로 죄인을 석방하는 경우에만 이 용어를 사용했다. 예를 들어 『숙종실록』에 "사간 권유·헌납 김해일·정언 오시대 등이 또 홍득우 등을 방석하라는 명을 도로 거두어들이기를 청하였으나 임금이 윤허하지 아니하였다"[3]라는 대목이 나온다.

우리 성경에도 정확히 '방석'이라고 쓴 대목이 있다. 예레미야 34:8의 경우 『개역개정』에서는 "시드기야 왕이 예루살렘에 있는 모든 백성과 한 가지로 하나님 앞에서 계약을 맺고 자유

---

3 『숙종실록』 2년 7월 29일: 諫權愈獻納金海一正言吳始大等, 又請還收洪得禹等放釋之命, 不允.

를 선포한 후에"라고 하여 '자유'라는 단어를 사용했다. 하지만 본래는 『성경전서』에서 "방셕ᄒᆞ는 규례를 고시ᄒᆞᆫ 후에"라고 하여 '방석'이라 표현한 구절이었다. 시드기야 왕이 공식 명령하여 풀어준 것이기에 방석의 용례를 정확히 살려 썼던 것이다. 예레미야 34:15도 처음에는 "리웃의게 방셕ᄒᆞᄂᆞᆫ 일을 보이고"라고 옮겼다가 『성경 개역』 이후 "각기 이웃에게 자유를 선포하되"라고 쓰는 등 '방석'은 '자유'라는 단어 안으로 통폐합되었다.

용례 5. '놓아주다, 놓아보내다'가 '자유'로

방석 외에도 '놓다'라는 개념을 가진 단어 중 점차적으로 '자유'로 통폐합된 것이 많다. 성경에 자주 쓰인 예로는 놓다·놓이다[釋, 放], 놓아주다[放與], 놓아보내다[放送], 풀어놓다[解放] 등이 있다.

방(放)은 '놓다'는 의미이고 여(與)는 '주다'라는 의미로, 합치면 '놓아주다'가 되는데 이는 한자식이 아니라 한국식 한자어 조어 규칙에 따른 것이다. 이런 식으로 만들어진 방여(放與, 놓아주다), 방송(放送, 놓아보내다), 해방(解放, 풀어놓다) 등이 초기 우리말 성경에 사용되었다. 복음의 영향을 '죄(혹은 죽음)에 묶인 자'에 대한 해방의 의미로 설명하는 성경 구절이 많기 때문에 '놓다' 등의 어휘가 성경에 자주 쓰였고 이 역시 '자유'로 통합되었다.

예를 들어 시편 146:7은 『성경전서』에서 "가친 쟈를 노흐시는도다"라고 썼다가 『개역개정』에서는 "갇힌 자들에게 자유를 주시는도다"라고 쓰고 있다. 또 이사야 58:6은 "학딕 밧는 쟈를 노하보내며"라고 썼던 것을 지금은 "압제 당하는 자를 자유하게 하며"라고 쓰는데 여기서도 '놓다'가 '자유'로 통합된 것을 명확하게 볼 수 있다.

용례 6. '벗어나다, 탈출하다'가 '자유'로

'벗어나다, 탈출하다'[脫出]라는 단어도 나중에 '자유'로 통합되었다. 언뜻 보면 용례 5에 나오는 '놓이다'와 동일한 것 같지만 약간 다르다. '어떤 힘이나 영향의 구속 밖으로 빠져나온다' 즉 '영향권을 벗어난다'는 의미를 더 부각하고자 할 때 이 단어를 사용했다.

예를 들어 『성경젼셔』에서는 로마서 6:20을 "의에셔 버셔낫나니라"라고 썼고, 로마서 7:3은 "법에셔 버셔낫느니"라고 썼다. 그러다가 나중에는 '벗어나다'를 '자유'로 통폐합하여 "의에 대하여 자유로웠느니라", "그 법에서 자유롭게 되나니"라고 쓰게 되었다

'자유'로 통합되기 전의 의미를 알고 성경 읽기

지금껏 설명한 대로 제각기 다른 의미를 가진 여러 단어가 나중에 '자유'라는 한 단어로 통합되었는데, 이러한 사실을 모

른 채 성경을 읽다보니 사람마다 성경에 나온 자유를 자기 마음대로 이해하게 되었다. 분류는 보다 명확한 이해를 낳는다. 자유로 통합된 단어들을 의미별로 분류하여 파악하면 각자 주관적으로 읽다가 오해하는 일을 줄일 수 있을 것이다. 몇 가지 예를 살펴보자.

"그런즉 너희의 자유가 믿음이 약한 자들에게 걸려 넘어지게 하는 것이 되지 않도록 조심하라"(고전 8:9)에서 자유를 긍정적 맥락의 '권리'로 이해한다면 잘못이다. 이때에는 '내 마음대로, 임의대로'의 뜻이다. 자유에 '임의대로'라는 의미 갈래가 있음을 떠올리며 이 부분을 읽으면 더 정확한 이해에 닿을 수 있다.

"진리를 알지니 진리가 너희를 자유롭게 하리라"에서 '자유하게 하리라'(요 8:32)를 '마음대로 뭐든 할 수 있게 하겠다'로 읽는 경우도 많다. 하지만 그런 뜻이 아니다. 이 말씀은 죄에 묶여 죄의 종이 된 우리를 죄에서 풀려나게 하겠다는 의미이며, 또한 율법을 지켜야 구원을 얻을 수 있다는 율법주의에서 우리를 풀려나게 하겠다는 의미이다. 자유에 '놓아주다'라는 의미 갈래가 있음을 기억한다면 오역을 막을 수 있다.

바울은 결혼 문제에 관한 고린도교회의 물음에 답변하면서 "아내는 그 남편이 살아 있는 동안에 매여 있다가 남편이 죽으면 자유로워 자기 뜻대로 시집 갈 것이나"(고전 7:39)라고 했다. 여기에서 "자유로워"는 단순히 '풀려나다'라는 뜻이 아니라 '스스로의 의지로 결정할 수 있게 되다'는 의미가 강조된 것이다. 이전 번역본에서 "자주(自主)하야"라고 번역했던 부분이다. 이렇듯 자유에 개인의 의지를 강조한 '자주'라는 의미 갈래가 있음을 알고 읽는다면 본문을 더 잘 이해할 수 있다.

"너희가 죄의 종이 되었을 때에는 의에 대하여 자유로웠느니라"(롬 6:20)에서 "자유로웠느니라"는 '마음대로 해도 된다'로 이해해서는 안 된다. 자유로 통합된 어휘 갈래 중 '영향권을 벗어나다'의 의미로 읽을 대목이다. 『성경 개역』 전의 번역본에서는 모두 '벗어나다'(脫出)로 썼던 부분이다. '의를 따지는 범위에서 벗어나 있다, 그 범위 밖에 있다'는 뜻이다.

이처럼 '자유'라는 단어로 귀결된 어휘를 의미 유형별로 파악한다면 성경을 좀 더 정확하게 이해할 수 있다. 여러 의미를 떠올리기가 어려우면 세 유형, 즉 '멋대로, 마음대로/주권적, 자주적/놓이다, 벗어나다' 이렇게 셋만이라도 구별해서 읽자. 오독을 크게 줄일 수 있다. 그리고 그 상태에서 우리가 누구인지 다시 생각해보자. 우리는 죄의 종도, 율법에 매인 자도 아니다. 율법과 죄에서 풀려나 믿음으로 구원을 얻은 자주민이다.

진리를 지키려는 노력이 담긴 단어

근대 개념의 자유가 유입되던 시기, 한글 성경의 번역에 사용된 어휘를 살펴보면 눈에 띄는 점이 있다. 1890년대에 이미 우리나라에는 근대 개념의 자유가 소개되어 널리 사용되고 있었지만 우리 성경에서는 자유라는 단어 사용을 최대한으로 늦추고 피하기까지 했다. 문맥에 따라 다양한 어휘로 자유의 의미를 명확하게 표현했다가 『성경 개역』(1938)부터 자유라는 단어를 수용했다. 당시 사회 변화의 속도에 비할 때 교회와 성경에서의 자유라는 단어 사용은 매우 늦었다는 특징이 있다.

기독교 복음은 일반적으로 매우 진보적이다. 신분 사회에서 인간의 평등을 말하고, 경쟁 사회에서 원수 사랑을 말하며, 살리기 위해 죽는 것을 말하는 등 매우 진보적인 특성을 지니고 있기에 조선과 대한제국에 전해지면서 큰 변화를 이루어냈다. 하지만 근대의 대표적 단어라 할 수 있는 자유의 경우는 뜻밖에도 매우 보수적으로, 매우 늦은 시기에서야 사용했다. 왜일까?

그것은 복음에 대한 오해를 막기 위해서였다. 이미 있던 단어에 새로운 개념을 넣으면 그것이 완전히 받아들여지기까지 시간이 걸린다. 새로 담긴 개념이 이상하고 불편하다며 이전에 쓰던 의미만을 고수하는 사람이 있고, 새로운 개념을 이해하고 적극적으로 사용하는 사람도 있다.

천부인권적 권리의 개념이 담긴 프리덤이나 리버티에 대한 번역어 '자유'가 그런 단어였다. 근대 개념이 우리 땅에 들어와 퍼져나가고 있었으나 여전히 많은 이가 이 단어를 기거동작의 문제에만 사용되는 부정적 뉘앙스의 '멋대로'로 알고 있었다. 그러니 '자유'를 사용할 경우 이전에 사용된 용례와 새로 들어온 개념 사이의 충돌과 오해가 불가피했다.

이런 충돌과 오해가 다 해결되지 않은 때에 우리말 성경 번역이 이루어지고 있었다. 그래서 초기 성경 번역자들은 진리에 대한 오해와 개념 왜곡을 막기 위해 자유라는 단어 선택을 의도적으로 미루거나 매우 주의하면서 사용한 것이다. 사람마다 달리 받아들이고 오해하기도 하는 자유라는 단어를 최대한 사용하지 않음으로써 복음의 왜곡을 막으려 했던 것이다. 그러다가 우리 사회에 자유라는 단어가 어느 정도 정착되었다고 판단되는 『성경 개역』에서부터 비로소 이 단어를 본격적으로 쓴 것이다. 이 한 단어를 옮길 때조차도 진리를 수호하기 위해 애쓴 신앙 선배들의 모습을 볼 수 있어 감사하다.

내 임금의 통치가 미치는 범위, 천국(天國)

많은 이가 오늘을 견뎌갈 힘을 얻고 오늘을 바르게 살리라 마음을 다잡게 되는 이유인 소망의 단어가 천국(天國)이다. 말씀을 전하는 사역자는 강대상에서 "천국은 장소를 나타내는 말이 아니다. 하나님의 통치권이다. 그러니 '죽어서 가는 곳'이라고 생각할 것이 아니라 '지금 여기'에서 천국을 살아야 한다. 지금 여기에서 하나님의 통치권 아래 하나님의 백성으로 살아가면 그것이 천국이다"라고 외친다.

그런데 이렇게 반복해서 말해도 성도들이 여전히 천국을 죽은 후에 가는 '장소적' 개념으로 이해하는 경우가 많다. 이쯤 되고 보니 어떤 이는 초기 성경 번역자들이 천국이라는 용어를 잘못 선택했기에 잘못된 인식이 굳어졌다고 탓하기까지 한다.

결론부터 말하면 복음이 처음 이 땅에 전해지고 우리나라 상황에 맞게 성경이 번역될 당시에는 '천국'이라는 조어가 매우 적합했다. 하지만 사회가 변하면서 '나라'(國)에 대한 전근대적 개념이 사라지고 근대적 개념이 새로 등장하면서 오해가 생긴 것이다.

기독교 유입 후 만들어진 단어 '천국'

기독교가 유입되기 전까지는 전통적인 한자 문화권에서 '천'이나 '국'이라는 어휘가 각기 하나로는 많이 쓰였지만 '천국'이라는 개념어는 없었다. 조선왕조 500여 년의 기록인 『조선왕조실록』에서 '천국'을 검색해보면 김천국(金天國), 인천국(印天國), 오천국(吳天國) 등 사람 이름이 대부분이다. 이 외에는 '천'과 '국'이 개별적인 뜻으로 쓰였는데 문장 서술의 순서상 나란히 있게 된 경우뿐이다.

보통 이름을 지을 때는 사회에서 널리 쓰이는 고유명사나 특정 개념의 단어를 사용하는 경우가 드물다. 그래서 김저승, 이지옥, 박기차, 최인형, 정과일 등의 이름은 찾아보기 어렵다. 『조선왕조실록』에서 '천국'이라는 인명이 여럿 나왔다는 것은 조선 시대에 천국이 특정한 의미를 가지고 통용되는 개념어가 아니었다는 증거이다.

같은 한자 문화권인 중국에서도 천국은 기독교 유입 후

만들어진 개념어이다. 1874년 새뮤얼 윌리엄스(Samuel W. Williams)가 편찬한 사전 『한영운부』(漢英韻府)에서는 '天國'이라는 항목에 'the kingdom of heaven; a foreign term'이라는 설명을 달았다.[4] '어 포린 텀'(a foreign term)은 외국에서 들어온 개념어라는 말인데, 이는 천국이 기독교가 들어오면서 비로소 만들어진 용어라고 명확히 밝힌 것이다.

천(天)의 가장 근본적인 뜻은 '사람의 몸에서 가장 높은 곳'이다. 이것이 확장되어 '가장 높은 곳, 가장 중요한 것, 근본' 등을 의미하게 되었다.[5] 그래서 자전(字典)에서 '천'이라는 항목을 찾으면 하늘, 하느님, 임금, 천자(天子), 자연, 천체(天體), 천체의 운행, 타고난 천성, 운명 등으로 풀이되어 있다. 또 동양 문화권에서는 어른의 존함을 함부로 부르지 않고 그분이 다스리는 지역이나 머물고 있는 건물 등으로 대신 부르는 문화가 있다.

예를 들어 조선 시대 궁궐에서 세자는 왕이 있는 법궁의 동쪽에 거주하는 경우가 많았으므로 동궁(東宮)이라고 불렀다. 그러니 '하나님의 나라'에서 '하나님'을 지칭하는 용어로서 '천'을 사용하는 것은 매우 자연스럽고도 적합했다. '가장 높고 중요한 근본'이라는 핵심 의미부터 '장소로 어른을 지칭하는' 문

---

4 S. W. Williams, 『漢英韻府』, 1874, 491.

5 許慎, 『説文解字』, 「天」: 顛也, 至高無上.; 段玉裁, 『説文解字注』, 「天」: 天顛也, 丕大也.

화까지 따져도 모두 합당했다.

바로 이런 의미를 가진 글자 '천'과 '국'(國)을 결합하여 만든 개념어가 '천국'이다. '천'은 의미가 분명하기에 오해하는 이가 없지만 '국'의 경우는 그 개념을 명확하게 아는 이가 적다.[이하 '국'은 의미와 글자를 동시에 살려 나라(國)로 지칭하겠다.]

왕의 통치가 미치는 범위인 '나라'

전근대의 한자 문화권에서는 국경이나 국적 개념이 없었다. 나라[國]는 실제적인 토지나 경계가 명확한 내부 공간보다는 '통치권이 미치는 범위'를 나타내는 개념으로 많이 사용되었다. 즉 나라[國]는 영토(territory)보다 통치권의 범위와 통치 영역의 의미가 더욱 강했다. 그러니 통치권을 행사하는 군주의 이동에 따라 나라[國]는 얼마든지 유동적일 수 있었다.

예를 들어 『맹자』의 "양혜왕 하"(梁惠王章句下) 편에서 등(滕) 나라의 군주이던 등문공(滕文公)이 나라 현실에 불안해하며 맹자에게 어찌하면 좋겠느냐고 질문했다. 이때 맹자는 옛날 주나라의 태왕(太王)인 고공단보(古公亶父)의 이야기를 해주었다.

> 옛날에 태왕이 빈(邠)나라에 있을 때 적인들이 쳐들어왔는데 가죽과 비단으로 섬겨도 피할 수 없고, 개와 말로 섬겨도 피할 수 없으며, 진주와 옥으로 섬겨도 피할 수 없었습니다. 그래서 그 나라 노인들을

모아 말하기를 '적인들이 바라는 것은 우리 토지이다. 내가 듣기로 군주는 사람을 기르는 것으로 사람을 해치지 않는다 하니, 여러분은 군주 없음을 어찌 걱정하겠는가. 내가 장차 떠나겠다' 하였답니다. 빈 땅 사람들이 말하기를 '어진 분이시다. 잃을 수 없다' 하고는 그를 좇기를 마치 시장으로 가듯 하였습니다.[6]

빈이라는 나라에 적인이 침입했는데 가죽이나 비단이나 진주나 옥 같은 물건은 물론 개나 말 등을 다 바쳐도 침입을 막을 수 없었다. 이때 군주였던 태왕은 '사람을 기르는 것'(토지)으로 '사람'(백성)을 해치지 않겠다고 하면서 스스로 빈 땅을 떠나 기산 밑에 거주했다. 그랬더니 백성은 그와 같이 어진 분을 잃어버릴 수 없다면서 태왕을 따라나섰는데 그 모습이 마치 사람들이 줄지어 시장에 가는 것과 같았다. 맹자는 이 예를 설명하면서 등나라가 땅을 잃더라도 군주인 등문공께서 백성을 위한 어진 정치를 하신다면 어디에 가시든 나라를 잃지 않을 것이라고 말해준 것이다.

이것이야말로 전근대의 유교 문화권에서 나라가 땅에 국한되지 않았음을 잘 보여주는 예이다. 태왕 고공단보는 본래 있던 '땅'을 떠났지만 고공단보의 '나라'와 '백성'은 이어졌다. '나라'는 '땅'에 얽매이지 않는다. '군주'에 달려 있다.

---

6 『孟子』, 「梁惠王章句下」 15: "昔者大王居邠… 從之者如歸市."

통치를 받아들인 사람이 그 나라의 '백성'

통치권이 미치는 영역을 기준으로 나라가 인식되던 시기에는 누군가가 현재 어느 땅 안에 있다고 하여 자동으로 그 나라 백성이 되는 게 아니었다. 어느 군주를 추종하여 그의 통치를 받는지가 '백성 됨'의 기준이었다.

앞선 『맹자』 대목을 다시 보자. 태왕 고공단보가 빈나라 사람들을 살리려고 그 땅을 버리고 떠나자 그의 어진 통치를 따르고자 백성이 스스로 그를 따라갔다고 했다. '줄지어 시장에 가듯' 따라갔다는 것은 그 군주에 대한 자발적 복종, 능동적 추종을 뜻한다. 군주가 다스리는 땅 안에 있다고 그 군주의 백성이 아니다. 자발적으로 복종하고 추종하여 그 군주의 통치를 받겠다고 받아들인 사람이 그 군주의 백성이다.

『맹자』의 "양혜왕 하" 편에는 이런 예도 있다. 제(齊)나라 선왕에게 맹자가 해준 이야기이다. 하(夏)나라 걸왕(桀王)은 중국 역사상 유례를 찾아볼 수 없는 폭군이었다. 작은 땅을 다스리던 탕왕이 신음하는 백성을 위해 걸왕의 천하를 정벌하기 시작했다. 탕왕이 동쪽부터 정벌하려고 하면 서쪽 사람들이 '왜 우리를 나중에 하시는가?' 하고, 서쪽부터 하려고 하면 동쪽 사람들이 '왜 우리를 나중에 하시는가?' 하면서 자기네 먼저 정벌해주기를 원했다. 포악한 군주를 베고 자신들을 위로해줄 것이라 여겼기 때문이다. 이때 걸왕 천하의 백성은 "우리 임금을 기다리노니 임금이 오시면 소생하게 되겠지"라고 노래했다고 한다. 결국 70여 리의 작은 나라에서 시작한 탕왕이 온 천하를 다스리는 임금이 될 수 있었다.

맹자는 이 이야기를 제나라 선왕에게 해주면서 백성을 위한 정벌을 할 때 백성이 따를 것이라고 알려주었던 것이다. 여기에서 중요한 것은 걸이 다스리는 하나라 땅에 살고 있던 사람들이 탕왕의 정벌을 기다리면서 탕왕을 '우리 임금'이라고 표현하는 대목이다. 주자는 이 대목의 의미를 설명하면서 "다른 나라의 백성이 모두 탕왕을 자신들의 임금으로 여겨 그가 와서 자기들을 소생시켜 주기를 기다린 것이다"[7]라고 썼다.

이 일화와 설명에서 명확히 드러나듯 전통적 유교 문화권에서는 특정 임금의 통치가 미치는 범위가 나라이고 그 '통치를 받아들인 사람'이 그 나라 백성이지, 특정 군주가 다스리는 '땅에 살고 있는 사람'이 자동으로 그 나라 백성인 것은 아니다.

행정구역도 땅의 '위치'가 아니라 통치를 받는 '사람'이 기준

이는 한 나라의 각 지방 행정 원리에도 그대로 적용된다. 눈에 보이는 '땅'이 아니라 통치를 받는 '사람'을 기준으로 행정구역이 구분되었다.

---

7 『孟子』, 「梁惠王章句下」 11와 그 細註.

예를 들어 월경지(越境地)라는 것이 있다. 월경지란 넘을 월(越), 지경 경(境)이라는 표현에서 알 수 있듯 행정구획의 경계상으로는 갑(甲)의 지역에 있으면서 실제로는 을(乙) 소속으로 관할되는 경우를 말한다. 백성이 새로운 개간지를 마련해나가고, 또 살기에 더 나은 곳으로 옮겨가 자연 촌락이 형성된 곳이다. 그런데 이렇게 만들어진 개간지와 촌락은 그곳을 개간하고 사는 백성의 본래 소속지에서 세금 수취를 담당했다. '토지'를 세금 수취 대상으로 하지 않고 '그 백성'의 생산을 기본으로 삼기 때문이다. 그래서 고을의 경계가 줄을 긋듯 반듯하지 않고 들쑥날쑥하게 된 곳을 월경지라 한다.

예를 들어 정조 시절 충청도 호동리에는 100여 호가 살았는데 그중에서 20여 호는 예산 두촌면 호동리에 속하고 80여 호는 천안 신종면 호동리에 속했다. 호서관찰사 박종악(朴宗岳, 1735-95)이 정조에게 올린 보고를 모아놓은 『수기』(隨記)를 보면 1792년 1월 3일 기사에 이 고을이 두 행정구역으로 나뉘어 있는 월경지라는 사실과 100여 호 중 80여 호가 천주교를 믿게 되었다는 보고가 나온다.[8] 이러한 월경지가 조선에 여러 곳 있었고, 월경지의 관할 관청 구분의 원리야말로 전근대 통치력은 '땅'이 아니라 '사람'이 기준이었음을 보여주는 증거였다.

---

8 정민, 『서학, 조선을 관통하다』 (김영사, 2020), 275-76.

또 포락전(浦落田)이라는 것이 있었다. '물가 포(浦)'에 '떨어질 락(落)'이라는 두 글자가 합쳐진 이 단어는 홍수 등의 물길에 휩쓸려 경작지의 흙이 떨어져나간 땅을 말한다. 흙의 특성상 상류에서 떠내려간 흙은 하류 어느 부분에 쌓여서 농사지을 만한 땅이 되기도 한다.

이렇게 해서 하부에 생성된 땅을 이생처(泥生處)라 한다. 포락하여 이루어진 이생처에는 일반적으로 전세(田稅)를 부과하지 않으나 혹시 부과하게 되더라도 그 땅이 있는 위치가 아니라 농사짓는 '사람'의 소속 관청이 기준이었다.

예를 들어 1634년(인조 12년) 장마 때문에 충청도 임천군 남산면 땅 30여 자(字)가 포락된 이래 꾸준히 포락된 흙이 석성현 북면에 쌓여 상당한 넓이의 이생처가 생겼는데 이 땅에 임천군 소속 백성이 농사를 지었다. 그래서 1720년(숙종 46년)에 5자(字)의 땅이 임천군 토지 양안(量案)에 올라갔다.[9] 참고로 조세를 부과하기 위한 목적으로 토지를 측량하여 만든 토지대장을 양안이라고 한다. 새로 생긴 그 땅이 석성현에 있으니 세금도 석성현에 귀속되어야 한다는 소송이 제기되기도 했지만 기각되었다. 이곳은 임천군 소속 백성이 농사짓는 땅이고 임천군의 양안에 땅의 소재지, 넓이, 등급, 소유주 등이 명확히 기록되어 있

9 이선희 옮김, 『국역 가림보초(嘉林報草)』(세종대왕기념사업회, 2014).

었기 때문이다.

어느 관아의 관안(官案)에 오른 '사람'이 농사지어 어느 고을 양안에 오른 것인지가 중요하지, 그 땅이 어느 지역에 있는지는 중요하지 않았다. 두 예에서 공통적으로 드러나듯 전근대의 기준에서 통치는 '땅의 위치'를 중심으로 하는 것이 아니라 '사람의 소속처' 중심이었다.

19세기를 넘어 오늘까지 이어지는 예

『맹자』는 춘추전국시대 책이니, 우리나라에 선교사가 들어오고 성경이 번역된 19세기 상황과는 다르다고 말할 분도 있을 것이다. 하지만 『논어』, 『맹자』 등 유교 경서는 책으로만 남은 사문(死文), 즉 '죽은 글'이 아니요 19세기에도 여전히 정치의 중심 사상으로 사용되었다.

예를 들어 『승정원일기』의 1869년(고종 6년) 4월 17일 내용을 보면 고종이 여러 대신과 학문을 닦으며 정치 현안을 의논하는 진강(進講) 장면이 나온다. 이날 강론한 부분이 바로 앞에서 예로 든 '등문공의 질문과 맹자의 답변'이었다. 고종은 이 부분을 10번 읽고 난 후 신하들과 논의를 했다. 그러면서 "태왕은 어진 정치를 행할 수 있었기 때문에 백성이 시장에 가듯이 추종하였는데, 등문공이 만약 태왕과 같이 인을 행하였다면 그 백성도 이처럼 하였겠는가?"라고 질의했다. 그러자 김세균이 동의하면서 "백성의 마음은 오직 어진 정치를 따라 귀의하는 법입니다. …후세의 임금도 태왕과 같은 어진 덕을 가지고 있으면 그와 같이 행할 수 있습니다"라고 했다. 고종이 "민심의 취향은 오직 어진 정치에 있다" 하니 김세균이 또 동의하면서 "대개 임금은 백성이 아니면 함께 나라를 지킬 사람이 없습니다"라고 정리했다.[10]

열강의 침략이 이어지고 조선은 약하기만 하던 그 시기에 고종은 『맹자』를 보면서 '백성은 어진 정치를 하는 군주를 좇는다'는 사실을 되새기고 대신도 '임금이 백성의 마음을 얻는 것이야말로 나라를 지키는 길'임을 상기시켰다. 그렇게 하여 이 나라 조선의 위기를 이겨낼 길을 찾으려 했던 것이다. 이 기사는 고종 시기에도 『맹자』 등에 나오는 전근대적 나라[國] 개념이 여전히 통용되고 있었음을 보여준다.

우리나라에서 최초로 집조(執照, 지금의 여권)가 발행된 것은 1887년 외교 문제로 민영준을 일본에 파견하면서이다. 이후에도 주로 몇몇 외교 사절에게 집조를 발행했으며 1902년 하와이 이민이 공식적으로 추진될 때 이민자 모두가 집조를 발행받았다. 이전에도 우리나라 사람이 외국에 오갔으나 집조는 발행된 적이 없었다. 왜냐하면 조선 왕의 통치권을 받아들인 사람은

10 원문 전체는 국사편찬위원회 승정원일기에서 볼 수 있다. (https://sjw.history.go.kr/main.do)

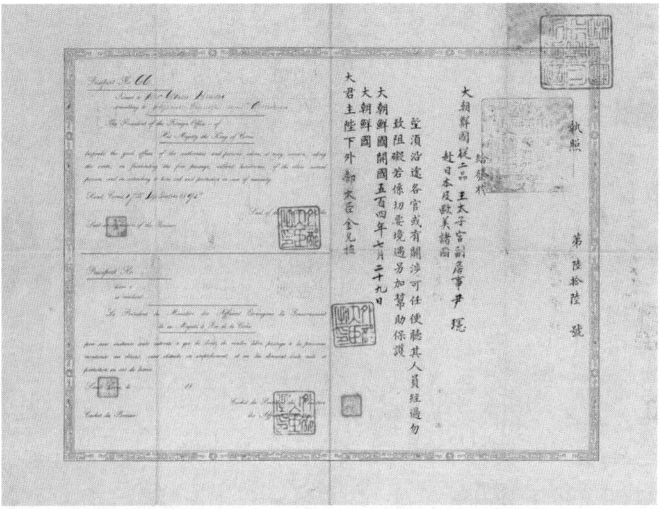
執照
第陸拾陸號
大朝鮮國從二品 王太子宮副詹事尹㦤
赴日本及歐美諸國
望須沿途各官或有關涉可任便聽其人員經過勿致阻碍若係切要境遇另加幫助保護
大朝鮮國開國五百四年七月二十九日
大朝鮮國
大君主陛下外部大臣金允植

• 1895년 조선 외부(外部, 지금의 외교부)에서 발행한 집조. 대조선국 종이품 왕태자궁부첨사(大朝鮮國從二品王太子宮副詹事) 윤헌(尹㦤)이 일본 및 구미 여러 나라(日本及歐美諸國)에 가기 위해 발행한 것이라고 쓰여 있다. 국립중앙박물관 소장.

당연히 조선 백성이고 그가 어디에 가든지 조선 백성이라는 정체성은 유지되었기에 국가적 인정이 필요 없었던 것이다. 그때까지도 백성에 대한 전근대적인 인식이 계속 이어지고 있었음을 알 수 있다.

월경지나 포락지 관련 사실도 여전했다. 1912년 일제강점기에 전국의 포락지를 조사하여 보고한 기록[11]이 남아 있는데, 그

11 『复命書-泥生浦落에 관한 조사청취서』, 1912년. 국사편찬위원회 한국사데이터베이스 일제강점기 부분 '중추원조사자료'에 있다. (https://db.history.go.kr/item/level.do?itemId=ju)

기록에서도 여전히 포락으로 생긴 이생지의 소유자는 포락되기 전 땅의 주인인 것이 드러나 있다. 땅 자체의 위치가 아니라 사람을 중심으로 권리 관계나 행정력이 결정되는 것은 조선을 넘어 일제강점기까지도 우리 문화에서 유지되고 있었던 것이다.

오늘날에도 고정된 땅이 아니라 통치 범위를 중심으로 행정권을 정하는 특성이 담긴 단어가 남아 있다. '경기도'라고 할 때 쓰는 '기'가 그렇다. 경(京)은 서울, 즉 임금의 궁이 있는 곳이고 기(畿)는 그 경을 둘러싼 500리 이내를 가리킨다. 다른 도는 서울을 중심으로 동서남북 중 어느 특정한 방향에만 있지만 경기도는 서울을 둘러싼 동서남북 모든 지역을 포함하여 원 모양을 이룬다. 마치 계란 노른자가 서울이고 그것을 둘러싼 흰자가 경기도인 것 같은 모양이다. '왕의 통치가 미치는 범위'를 중심으로 나라가 나뉘기 때문에 군주가 움직이면 그의 움직임에 따라 통치 범위가 바뀌는 것이다.

왕궁의 위치가 바뀌면 자동적으로 경의 '기' 역시 원을 그리며 변한다. 오늘날의 경'기'도라는 이름과 그 경기도가 서울을 감싼 원 모양인 것이야말로 나라[國] 개념이 '토지'가 아닌 '군주와 그 군주의 통치권' 중심의 개념이라는 것을 보여주는 방증이다. 또 그런 개념이 아주 오래도록 이어지고 있다는 증거이기도 하다.

'전근대 나라' 개념과 '근대 국가' 개념

이제 나라[國]에 대한 전근대적 개념을 알게 되었다. 그런데 주의할 점이 있다. 이러한 전통적인 나라 개념이 근대의 국가 개념과 다르다는 사실이다. 근대 개념이 유입되던 시기에 '네이션'(nation)은 국(國)과 가(家)가 합해진 '국가'로 번역되었다. 근대 국가의 핵심적인 성립 요건은 국민·영토·주권이다. 정해진 범위의 '영토'에 독립된 '주권'을 가진 '사람들'이 사는 사회집단이 근대적 의미의 국가이다. 하지만 전근대적 의미의 나라는 영토나 주권 등을 중요한 성립 요건으로 하지 않는다. 근대 국가가 명확한 영토 및 국경 개념을 중시하는 반면 전근대 나라는 통치권이 미치는 영역의 개념을 중시한다.

국민·영토·주권을 구성 요소로 하는 근대 국가의 개념이 우리나라에 소개되고 정착된 것은 1900년대 초반을 지나서이고 성경은 그 전에 번역되었다. 만주에서 최초의 우리말 신약성경인 『예수셩교젼셔』가 1887년에 발간되었고 우리 땅에서는 1900년에서야 신약성경이 『신약젼셔』라는 이름으로 발간되었으니 우리말 성경이 번역될 당시에는 전근대의 인식이 살아 있고 전근대 언어의 의미가 통용되고 있었다. 그래서 당연히 전근대적 나라 개념을 바탕으로 '천국' 등의 번역어를 사용했던 것인데, 현대 독자는 그것을 모른 채 근대적 국가관만으로 이 용어를 접했다. 그래서 천국을 장소로만 이해하는 오해가 빚어진 것이다. 이는 성경 번역자들의 잘못이 아니요, 일제강점기라는 비극적인 역사에서 비롯된 시기적 특성의 결과이다.

전근대적 나라 개념으로 성경 읽기

이제라도 전근대적 나라 개념을 이해한 상태에서 성경을 보자. 첫째, 나라는 '통치, 왕권, 권세'와 같은 의미이다. 나라는 영토가 아니라 통치권이 미치는 범위이다.

> 회개하라 **천국**이 가까이 왔느니라 하였으니(마 3:2)
>
> 진실로 너희에게 이르노니 여기 서 있는 사람 중에 죽기 전에 인자가 그 **왕권**을 가지고 오는 것을 볼 자들도 있느니라(마 16:28)
>
> 그가 우리를 흑암의 권세에서 건져내사 그의 사랑의 아들의 **나라**로 옮기셨으니(골 1:13)
>
> 여호와여 **주권**도 주께 속하였사오니 주는 높으사 만물의 머리이심이니이다(대상 29:11)

하나님의 '나라'라고 번역된 것에서 '나라'는 헬라어로 '바실레이아'(βασιλεία)이고 히브리어로는 '말쿠트'(מַלְכוּת)나 '마무라카'(מַמְלָכָה)이다. 앞의 인용에서 굵게 표시한 것은 모두 바실레이아나 말쿠트, 마무라카가 쓰인 대목이다. 그것들이 어떻게 번역되었는지 살펴보면 전근대의 나라 개념으로 우리 성경이 번역되었다는 점이 명확해진다. 나라가 영토 기준이 아니라 통치권 기준이므로 '천'을 '하나님'으로 읽고 '국'을 '통치'로 읽으면 하나님의 통치가 움직여 '가까이 왔다'는 마태복음 3:2가 어색하지 않다. 마태복음 16:28에서는 '국'으로 쓸 수 있는 것을 '왕권'이라고 옮겼다. 실제로 1911년 처음 완성된 『셩경젼셔』에서 이 구절을 "인ᄌᆞ가 그 나라로 림ᄒᆞᄂᆞᆫ 거슬 볼쟈가 잇ᄂᆞ니라"라며 '나라'로 번역했다. '국'이나 '왕권'이나 같은 의미로 이해했음을 잘 보여주는 예이다. 골로새서 1:13에서는 '흑암의 권세'에서 '아들의 나라'로 옮겼다고 하여 '권세'와 '나라'를 동등하게 비교해놓았다. 나라가 땅이 아니라 통치권의 문제인 것이 명확해 보인다. 또 역대상 29:11에서 '주권'이라고 쓴 부분을 『셩경젼셔』에서는 "여호와여 나라도 ᄌᆞᆽ긔 쇽ᄒᆞ엿ᄉᆞ오니"라며 '나라'로 썼다. 성경을 처음 번역할 당시 우리나라 사람과 성경 번역위원은 '국'이 '주권, 통치'와도 같은 뜻임을 명확히 알았던 것이다.

둘째, 나라는 '군주'(통치자) 자체로 이해할 수 있다. 특정 군주의 통치권을 기준으로 나라를 말하기 때문이다. 그래서 천국, 하나님의 나라, 나라 등으로 언급하는 것은 통치권의 주인인 '하나님'과 동일어로 이해하면 된다.

밭은 세상이요 좋은 씨는 **천국의 아들들이요** 가라지는 악한 자의 아

들들이요(마 13:38)

천국의 제자된 서기관마다 마치 새것과 옛것을 그 곳간에서 내오는 집주인과 같으니라(마 13:52)

나라가 땅을 기준으로 한다면 유정물인 사람이 땅이라는 무정물의 아들이나 제자가 될 수 없다. 마태복음 13:38은 '천국의 아들들'과 '악한 자의 아들들'이 대조를 이루므로 '천국'도 '악한 자'와 마찬가지로 사물이 아니라 '주체'를 나타낸다. 한마디로 두 구절 모두에서 천국은 통치권자, 즉 하나님으로 읽을 대목이다.

셋째, 나라는 '백성'과도 같은 말이다. 나라가 땅으로 정해지는 것이 아니라 통치가 미치는 영역으로 정해지니 군주의 통치를 받아들인 그 백성이 있는 곳이 나라이다. 그러니 나라는 '백성'과도 동의어이다.

너희는 택하신 족속이요 왕 같은 제사장들이요 거룩한 **나라**요 그의 소유가 된 **백성**이니(벧전 2:9)

내 **백성**이여 내게 주의하라 내 **나라**여 내게 귀를 기울이라(사 51:4)

베드로전서 2:9에서는 너희를 '족속, 제사장들, 나라, 백성' 등으로 부른다. 더 설명할 것도 없이 '나라'와 '백성'이 같은 말로 쓰이고 있는 용례이다. 이사야 51:4도 "내 백성이여"라 부르기도 하고 "내 나라여"라고 부르기도 하는데 이는 '백성'과 '나라'가 동의어임을 명확하게 드러낸다.

우리 성경은 이렇듯 통치, 왕권, 권세, 하나님, 백성 등의 의미가 담긴 전근대적 개념의 나라가 통용될 때 번역된 것이다. 이제는 이런 전근대적 개념을 기억하며 성경을 읽자. 그렇게 복음을 이해할 때 우리는 천국 백성으로 살게 될 것이다.

전근대의 나라 개념에서 드러나는 복음의 원리

전근대의 나라 개념을 이해할 때 우리는 복음 안에서 다음과 같은 놀라운 은혜를 경험할 수 있다.

첫째, 전근대 나라는 영토가 아니라 통치가 미치는 범위를 기준으로 한다. 즉 내가 어느 곳에 있는지가 중요한 게 아니라 누구의 통치를 받고 있는지가 중요하다. 지금 이 땅에 살지만 하나님의 통치를 받고 있는 사람이 '하나님 나라의 백성'이다. 요한일서 5:19에서 "또 아는 것은 우리는 하나님께 속하고 온 세상은 악한 자 안에 처한 것이며"라고 했다. 나라는 통치권이 미치는 범위이지 물리적 땅이 아니기에 우리는 이 세상에 있어도 하나님께 속한 것이다.

둘째, 통치권자의 통치를 받아들이는 사람이 그 통치권자의 백성이 된다고 했다. 자발적으로 통치를 받아들임으로써 그 나라의 백성이 된다는 것은 복음의 원리와 잘 부합한다. "볼지어다 내가 문 밖에 서서 두드리노니 누구든지 내 음성을 듣고 문을 열면 내가 그에게로 들어가 그와 더불어 먹고 그는 나와 더불어 먹으리라"(계 3:20)라는 말씀은 그런 모습을 잘 보여준다. 요한복음 1:12도 그렇다. 성경은 '믿고 고백하는 자'가 하나님의 자녀가 되고, 그런 이에게 성령께서 들어가신다고 반복해서 설명한다.

셋째, 월경지나 포락지에 대한 규정에 명확히 드러나듯 전근대 한자 문화권의 관할은 늘 사람이 기준이었다. 그 사람의 이름이 어느 문건에 올라 있는지가 관할 관청을 가르는 핵심이었다. 이런 의미에서 성경에 있는 '책에 기록되다, 책에 올라 있다' 등의 언급은 상당한 함의를 갖는다. 우리는 어디에 살든 우리 이름이 적혀 있는 곳, 바로 그곳에 소속된 백성이다. 다음 구절이 그것을 잘 보여준다.

> 그러나 이제 그들의 죄를 사하시옵소서 그렇지 아니하시오면 원하건대 주께서 기록하신 책에서 내 이름을 지워 버려 주옵소서 여호와께서 모세에게 이르시되 누구든지 내게 범죄하면 내가 내 책에서 그를 지워 버리리라(출 32:32-33)

> 그러나 귀신들이 너희에게 항복하는 것으로 기뻐하지 말고 너희 이름이 하늘에 기록된 것으로 기뻐하라 하시니라(눅 10:20)

나라의 개념과 백성이 되는 원리는 삶의 방식과 연결된다. "누구에게 속한 백성인가?"라는 정체성은 "무엇을 위해 어떻게 살 것인가?"를 좌우한다. 또 사는 곳, 일하는 곳의 위치에 상관없이 어디에 소속되어 있고 어디에 우리 이름이 적혀 있는지가 기준임을 기억하는 이들은 "그러나 우리의 시민권은 하늘에 있는지라 거기로부터 구원하는 자 곧 주 예수 그리스도를 기다리노니"(빌 3:20)라는 말씀을 의미심장하게 기억할 것이다.

성경은 성도가 어디에 살든 하나님 나라의 백성임을 반복해서 말한다. 그리고 그 백성다운 정체성을 유지하여 세상을 살아가라고 격려한다. 전근대의 나라 개념을 이해하고 백성이 되는 방식을 이해한다면 이런 당부의 말씀을 더 잘 이해할 수 있을 것이다.

받은 것이자 일구어야 할 것, 기업(基業)

믿음의 가정에서 모태신앙으로 태어난 나는 어려서부터 무슨 뜻인지 모르지만 그냥 부르는 찬송가가 많았다. 명절이나 추도식 때가 되면 평신도인 아버지의 인도로 가정예배를 드렸는데 음치인 아버지는 몇 장의 찬송가만 애용하셨다. 그중 하나가 〈나의 영원하신 기업〉(435장)이다. "나의 영원하신 기업 생명보다 귀하다…", 이 가사에서 말하는 '기업'이 대기업, 중소기업의 그 기업이라면 생명보다 귀하다고는 안 할 것 같아 도대체 그게 뭔지 알 수 없었다. 그 무렵 설교하시던 목사님은 '기업'을 '유산'이라 생각하면 된다고 하셨는데 그렇게 이해하려고 해도 앞뒤가 맞지 않는 듯한 구절이 많았다. '기업'은 19세기 말 성경을 우리말로 번역할 당시 일반인이다 아는 단어였지만 현대에 사는 나는 알 수 없는 단어였던 것이다.

대기업, 중소기업 등을 말할 때는 기업(企業)이라고 쓴다. 이때 기(企)는 '꾀하다'라는 뜻으로, 기업은 이익을 내기 위해 어떤 일을 꾀하는 단체라는 의미이다. 반면 성경에서 말하는 기업은 한자로 '基業'이다. 기(基)는 '터, 기초'라는 뜻이고 업(業)은 '일, 생계'라는 뜻이다. 그러니 기업(基業), 이 두 글자의 의미 그대로만 읽으면 한 사람이 생계를 이어가기 위한 밑바탕이라는 말이다. 문자 하나하나의 뜻만으로 읽으면 그렇게 되지만 사실 이 단어는 두 글자의 합을 넘어 특정한 경우에만 쓰는 특정한 의미의 개념어이다.

왕의 기업

기업(基業)은 본래 왕에게만 사용하던 단어로 '나라' 혹은 '왕위'를 뜻했다. 그래서 기업이라는 말보다 조종기업(祖宗基業)이라는 단어로 사용하는 경우가 많았다. 조선의 왕을 태조나 정조의 예처럼 '조'라 하기도 하고 세종, 숙종의 예처럼 '종'이라 하기도 하는 것을 떠올려보면 조종기업의 의미를 금세 이해할 수 있다. '조'나 '종'은 역대의 왕을 가리키고 '조종기업'은 역대 왕들로부터 대대로 전해 내려오는 왕의 일, 즉 왕업(王業)을 나타낸다. 『성종실록』 1년 2월 22일 기사에 "우리 태조께서 큰 기업을 창조하시니"라는 대목이 있다. 조선이라는 나라를 '큰 기업'으로 표현한 것이다.

또 왕정 국가에서 나라는 곧 왕이다. 그러니 기업은 '왕의 자리'(왕위)이기도 하다. 그래서 새 왕이 등극하면 그 왕이 나라 혹은 왕위를 이어받았다는 의미로 '기업을 이어받았다'라고 표현한다. 예컨대 "지금 전하께서는 선왕의 큰 기업을 이어받으셨는데 선왕의 뜻을 천명하고 선왕의 일을 서술하는 일이 바로 이러한 부분에 달려 있으니"(『순조실록』 1년 2월 23일)라는 식이다.

'지킬 것'이자 '할 일'인 기업

나라나 왕위가 왕의 기업이라면 왕의 할 일은 그 나라가 멸망하지 않도록 지키는 것이다. 실정(失政)으로 권력을 다른 사람에게 빼앗기지 않아야 하고, 외세의 공격으로부터 나라를 지키기도 해야 한다. 혹시 이런 상황이 생기면 나라가 망했거나 공격을 받았다는 의미로 '기업이 어렵다, 기업이 망하다'라고 표현했다. "상께서는 200년 기업의 어려운 운세가 이때에 닥쳐온 것을 유념하시어 더욱 두려워하는 마음을 가지시고 정사와 형벌에 대한 법을 닦아 밝히소서"(『광해군일기』 1년 10월 17일)에서 볼 수 있듯이 임진왜란으로 나라가 위험에 처하게 된 상황을 기업이 어려워졌다고 표현하는 것이다. 그러므로 기업은 '지킬 것' 혹은 '할 일'이라는 의미도 지닌다.

기업은 '소명'이자 '일구어야 할 것'이기도 했다. 한 나라의 왕이 된 사람은 나라를 다스린다. 즉 정사(政事)를 펼친다. 그 특정한 일을 하라고 부름을 받았다. 그래서 기업은 때로 '소명'이라는 의미도 된다. 소명을 받은 사람은 최선을 다하여 받은 것을 잘 일구고 계승해야 할 것이다. 기업은 잘 일궈야 할 업무인 것이다. 왕은 그래서 날마다 노력해야 했고 신하들도 끊임없이 그것을 말했다.

예를 들어 현대인이 조선 시대의 훌륭한 임금으로 기억하는 정조는 "아, 나라의 복록(福祿)이 거듭 이르니 사람들은 모두 형통하고 태평할 기회라 말하지만 기업(基業)은 어렵고도 중대하니 나는 두렵고 조심스런 마음 절로 간절하다"(『일성록』 정조 2년 6월 2일)라고 했다. 물려받은 나라요, 그 나라를 다스리는 일인 기업은 어렵고도 중대하니 두렵고 간절한 마음으로 잘하기 위해 노력하겠다는 각오를 그리 표현한 것이다.

물질 이상의 것, 기업

기업은 '업적'이고 '명성'이며 '이어야 할 것'이기도 하다. 왕이 자기의 일을 잘하면 그것이 그 왕의 업적이 된다. '선왕들이 이룩한 업적'과 이를 통해 얻은 '명성'도 기업이다. 후대 왕은 선왕의 업적과 명성을 '이어' 흠이 되지 않도록 해야 했다. 그래서 기업은 땅이나 재물 같은 물질적인 것뿐 아니라 비물질적인 것일 수도 있다.

『승정원일기』 영조 즉위년 9월 24일 기사에는 "지금 오직 우리 전하에게 바라는 것은 선왕이 남기신 뜻과 업적을 잘 계승하여 힘차게 분발하고… 영원히 지속될 종사(宗社)의 기업(基業)을 실추시키지 않는 것입니다"라고 하여 선왕의 업적을 '기업'이라는 단어로 표현했다. '명예를 실추시키다'라는 말은 현대인도 많이 들어보았을 것이다. 이 인용문에서는 명예 대신에 기업이라는 단어를 넣어서 '기업을 실추시키다'라고 표현하고 있다. 기업이 눈에 보이는 물질적인 것뿐만 아니라 비물질적인 명성, 명예의 의미도 가지고 있음을 보여주는 표현이다.

요약하자면 기업은 왕에게만 쓰는 단어로 '나라'나 '왕위'라는 의미이며, 왕의 소명이자 의무는 기업인 그 나라나 왕위를 잘 지키고 잇는 일이었다. 기업은 물질적인 것뿐만 아니라 비물질적인 '명성, 업적'을 의미하기도 하므로 왕은 역대 왕들이 이룬 업적과 명성을 실추시키지 않고 이어가야 했다.

왕의 용어를 사용한 성경 번역

왕정 시대에는 왕의 용어와 일반인의 용어를 철저히 구분했다. 그래서 조선에서는 기업이라는 단어를 왕에게만 쓰고 일반인에게는 유업(遺業)이라고 썼다. 그러다가 대한제국기 무렵부터 서서히 일반 백성에게도 기업이라는 단어를 사용하기 시작했다. 하지만 아직 기업의 사용이 활발하지 않을 때 성경은 그 어떤 책보다 빠르고 폭넓게 이 단어를 사용했다. 물론 '업, 산업, 유업'이라는 표현도 썼지만 많은 절에서 '기업'을 사용했다. 예컨대 1887년에 나온 『예수셩교젼셔』의 사도행전 26:18에서는 "어두온 ᄃᆡ로 발그미 되고 사탄의 권세ᄅᆞᆯ 쩌나 하나님의게 도라가써 죄 샤하물 어더 나ᄅᆞᆯ 밋ᄂᆞᆫ 셩도 가온ᄃᆡ 긔업ᄋᆞᆯ 엇게 하미라 하오니"라 했고 『셩경젼셔』의 에베소서 1:11에서는 "모든 일을 그 ᄆᆞ암의 원대로 힝ᄒᆞ시ᄂᆞᆫ 쟈가 그 ᄯᅳᆺ을 ᄯᆞ라 미리 우리를 작뎡ᄒᆞ샤 우리가 그리스도 안에셔 그 긔업이 되게 ᄒᆞ셧스니"라고 했다.

기업이 본래 왕에게만 쓰는 용어였다는 사실을 주목한다면 성경에 쓰인 기업의 의미가 훨씬 강렬해진다. 베드로전서 2:9에 "그러나 너희는 택하신 족속이요 왕 같은 제사장들이요 거룩한 나라요 그의 소유가 된 백성이니 이는 너희를 어두운 데서 불러 내어 그의 기이한 빛에 들어가게 하신 이의 아름다운 덕을 선포하게 하려 하심이라"라고 했다. 주께서 왕이시고 우리는 주의 자녀이니 왕의 자손인 우리를 묘사할 때 왕의 언어인 '기업'을 사용한 것으로 이해할 수 있다.

초기 성경 번역자들이 그런 의미를 확실히 살리려 했는지 어떤지는 알 수 없지만 결과적으로 '기업'이라는 단어를 사용함으로써 '왕 같은 제사장이자 거룩한 나라, 하나님의 소유 된 백성'인 우리의 정체성이 더 부각되었다. 그런 정체성을 더욱 생각하게 하는, 그에 걸맞은 단어 사용이었음은 명확하다.

자기 몫의 기업

기업이라는 단어를 광의(廣義)로 접근해보면 '생계를 이어가기 위한 밑바탕'이라는 차원에서 설명할 수 있다. 모든 사람은 다 자기 '몫'의 생계 수단을 갖고 있다. 그러한 자기 몫을 자기 기업이라고 한다. 어떤 사람은 땅이 있어서 농사로 생계를 유지하고, 어떤 사람은 기술로 생계를 유지하며, 어떤 사람은 지위가 있어서 그 지위를 유지하는 동안 월급을 받아 생계를 유지한다. 그래서 '땅'을 기업이라 말할 수 있고 '기술' 혹은 '지위'를 기업이라 말할 수 있다. 자식의 봉양을 받아 살아가게 될 때는 '자식'을 기업이라 할 수도 있다. 그래서 시편 127:3에는 "보라 자식들은 여호와의 기업이요 태의 열매는 그의 상급이로다"라고 했던 것이다.

성경에서 '기업'은 신약보다 구약에 월등히 자주 나온다. 약속의 땅을 언급하면서 많이 사용된 까닭이다. 여호와께서는 아브라함을 부르며 가나안 땅을 기업으로 주겠다고 약속하셨다. 아브라함과 그의 후손들이 가나안 땅에 들어가 그곳에서 나는 것으로 먹고살게 하시겠다는 것이다. 이후 이스라엘 백성(아브라함의 후손)은 이집트에서 살다가 결국 가나안에 들어오기까지 주께서 가나안 땅을 자신들의 기업으로 주셨음을 끊임없이 되뇌었다. 가나안 정복 전쟁을 하고 지파별로 그 땅 중 특정 구역을 기업으로 받아 정착하기까지 기업이라는 단어는 하나님께서 이스라엘 몫으로 주신 '땅'이라는 맥락에서 매우 자주 언급된다.

> 내가 너와 네 후손에게 네가 거류하는 이 땅 곧 가나안 온 땅을 주어 영원한 기업이 되게 하고 나는 그들의 하나님이 되리라(창 17:8)

> 내가 전에 너희에게 이르기를 너희가 그들의 땅을 기업으로 받을 것이라 내가 그 땅 곧 젖과 꿀이 흐르는 땅을 너희에게 주어 유업을 삼게 하리라 하였노라 나는 너희를 만민 중에서 구별한 너희의 하나님 여호와이니라(레 20:24)

사람마다 자기의 몫을 받는다고 했다. 그리고 그 몫은 자기의 기업으로 표현할 수 있다. 하나님은 이스라엘에게 그 몫을 약속하셨고, 그 약속을 그대로 이뤄 가나안 땅을 주셨다. 가나안 땅은 이스라엘의 기업이다.

관계 있는 자만 얻는 기업

기업의 핵심은 '관계'에 있다. 농경 사회에서 기업은 땅인 경우가 많았다. 땅은 사람이 죽어도 남는 것이기에 부모는 자식에게 기업을 물려주었다. 꼭 같은 말은 아니지만 부모로부터 자식이 물려받는다는 맥락에서 기업은 요즘 말로 '유산'에 해당한다고도 볼 수 있다. 부모 세대가 땅을 경작하여 그곳의 소출로 온 가족을 부양하다가 늙게 되면 자식 세대가 이어받아 그 땅의 소출로 부모와 자식 등 온 가족을 부양한다. 그래서 기업은 개인의 활약이나 사업으로 획득되는 것이라기보다 '부자(父子) 관계'에 의해 얻어지는 것이다.

유형의 재산이나 사업체이든, 무형의 과업이나 명성이든 자식은 부모로부터 기업을 받는다. 그래서 자식을 가리켜 부모의 '기업을 얻을 자, 기업을 이을 자'라 하고 또한 부모의 기업을 나눠 가진다는 의미에서 '기업에 참여하는 자'라고도 하는 것이다. 예를 들어 사무엘상 26:19에 "만일 왕을 충동시켜 나를 해하려 하는 이가 여호와시면 여호와께서는 제물을 받으시기를 원하나이다마는 만일 사람들이면 그들이 여호와 앞에 저주를 받으리니 이는 그들이 이르기를 너는 가서 다른 신들을 섬기라 하고 오늘 나를 쫓아내어 여호와의 기업에 참여하지 못하게 함이니이다"라고 했다. 다른 신을 섬긴다면 나와 하나님의 관계는 끊긴다. 그리고 그렇게 관계가 끊기면 여호와의 기업에 참여하지 못하게 된다. 관계로 기업을 얻고 관계로 기업에 참여한다는 원리를 아주 잘 보여주는 대목이다.

그래서 기업에서는 '상속자'라는 개념이 중요하다. 상속자라야 기업을 물려받을 수 있다. 일반적으로 자식이 상속자가 되지만 친자식이 없으면 신임하는 누군가를 상속자로 지정한다. 그렇게 상속자로 지정되는 자가 기업을 받을 수 있다. 성경에서는 주를 믿고 고백하는 자는 주의 자녀가 된다고 했다. 다른 말로 상속자가 된다는 말이다. 이것을 기억한다면 "이는 이방인들이 복음으로 말미암아 그리스도 예수 안에서 함께 상속자가 되고 함께 지체가 되고 함께 약속에 참여하는 자가 됨이라"(엡 3:6)라는 말씀의 의미가 더 깊게 와 닿을 것이다. 우리는 '상속자'이다. 그래서 '기업에 참여하는 자'이다.

한편 상속자는 기업을 유지해야 하는 의무를 지닌다. 이것이 그의 사명이다. 조상에게 물려받은 집이나 땅이나 재물, 조상이 쌓아놓은 업적이나 덕망으로 이룩한 명성이 모두 상속자의 기업이다. 상속자가 허랑방탕하고 부도덕하게 살면 물려받은 집이며 토지를 팔아 없애버릴 수 있고, 이어온 명성에 먹칠을 할 수도 있다. 이것은 세상에서 가장 위태롭고도 창피한 일로 받아들여졌다.

구약성경에서 기업과 관련하여 특히 많이 나오는 서술어가 '무르다'라는 단어이다. 바둑이나 장기를 둘 때 결정적인 잘못으로 질 상황에 처하면 상대편에게 방금 놓은 수를 '물러달라'고 부탁하기도 한다. 그렇게 해서 상대가 물러주면 다시금 살아 게임을 계속할 수 있게 된다. 기업은 선조로부터 이어받은 것이요, 생계를 위한 밑천이 되기도 하므로 이 기업을 잃는 것이야말로 후손에게는 매우 불명예스러운 일이고 스스로의 생존을 위협받는 것이기도 했다. 그래서 이스라엘 백성 중 어떤 사람이 경제적인 어려움으로 인해 자신의 기업인 땅을 팔게 되면 가까운 친척이 그 땅을 산 사람으로부터 되사게 된다. 그 땅을 산 사람의 입장에서는 이미 산 것을 '물러주는' 것이요, 그 땅값을 대신 낸 사람은 '기업 무른 자'가 된다. 그렇게 하여 결국 기업의 원소유주는 다시금 생계를 유지할 수 있고, 조상의 명예도 실추시키지 않게 된다.

> 만일 네 형제가 가난하여 그의 기업 중에서 얼마를 팔았으면 그에게 가까운 기업 무를 자가 와서 그의 형제가 판 것을 무를 것이요(레 25:25)

하나님은 우리의 기업, 우리는 하나님의 기업

이스라엘의 열두 지파는 가나안의 특정 지역을 각자 자기 몫으로, 즉 기업으로 챙겼는데 이처럼 하나님도 그분의 몫을 챙기셨다. 바로 땅이 아니라 '사람'으로 말이다. 하나님은 이스라엘 백성을 자기 몫으로 챙기셨고, 상징적으로는 이스라엘 중에서 특히 레위 지파를 자기 몫인 기업으로 챙기셨다.

또 하나님 자신이 레위 지파의 기업이 되기도 하셨다. 레위 지파에게 하나님을 섬기는 제사장 직분을 맡기셔서 그 '직분'을 기업으로 삼아 생계를 유지하게 하셨던 것이다. 그래서 레위인은 하나님이 그들의 기업이라 말할 수 있고, 제사장 직분이 그들의 기업이라고 말할 수도 있다. 나아가 레위 지파는 이스라엘 전체를 의미하기도 하고, 신약시대 모든 성도를 의미하기도 한다. 성도는 하나님께서 하나님의 몫으로 정하신 하나님의 기업이다. 또 하나님은 레위 지파에게 기업이 되어주셨듯 우리의 기업이기도 하시다.

> 너는 여호와 네 하나님의 성민이라 네 하나님 여호와께서 지상 만민 중에서 너를 자기 기업의 백성으로 택하셨나니(신 7:6)

> 모든 일을 그의 뜻의 결정대로 일하시는 이의 계획을 따라 우리가 예정을 입어 그 안에서 기업이 되었으니(엡 1:11)

> 여호와께서 또 아론에게 이르시되 너는 이스라엘 자손의 땅에 기업도 없겠고 그들 중에 아무 분깃도 없을 것이나 내가 이스라엘 자손 중에 네 분깃이요 네 기업이니라(민 18:20)

주님은 그분 자신이 우리의 기업이라고 하셨다. 우리는 주님 덕에 속죄하여 살게 되었고, 주께서 주신 것으로 살고 있기에 주님은 우리의 기업이 되신다. 어릴 적에 아무 뜻도 모르고 부르던 찬송가 "나의 영원하신 기업 생명보다 귀하다"가 바로 이 지점에서 이해된다.

하나님은 그분의 부르심을 받아 믿는 자를 그분의 자녀로 삼겠다고 약속하셨다. 그렇게 하여 우리는 하나님과 '부자 관계'에 놓이게 되었다. 자녀는 부모의 기업을 받게 될 것이기에 부르심을 받은 이들은 영원한 기업의 약속을 받은 이들인 것이다. 주 우리 아버지는 그분이 소유하신 것을 자녀인 우리에게 주실 것이다. 주는 나라를 다스리시는 왕이다. 우리는 그 왕국(천국)을 기업으로 받았으며, 주께서 다스리시는 것처럼 우리도 '다스리는 일을 할 왕'이다. 또 우리는 천국에서 영원히 아버지와 함께 살 것이라는 약속을 받았다. 그러므로 주님도, 천국도, 영생도 우리의 몫이요, 우리의 기업이다. 기업이 무엇인지 알게 되었으면 이제 다음과 같은 구절이 모두 은혜로 이해될 것이요, 이후 어떻게 살아야 할지도 알 수 있을 것이다. 바로 여기에 우리의 정체성이 있다.

> 자녀이면 또한 상속자 곧 하나님의 상속자요 그리스도와 함께 한 상속자니 우리가 그와 함께 영광을 받기 위하여 고난도 함께 받아야 할 것이니라(롬 8:17)

> 미쁘다 이 말이여 우리가 주와 함께 죽었으면 또한 함께 살 것이요 참으면 또한 함께 왕 노릇 할 것이요 우리가 주를 부인하면 주도 우리를 부인하실 것이라(딤후 2:11-12)

이로 말미암아 그는 새 언약의 중보자시니 이는 첫 언약 때에 범한 죄에서 속량하려고 죽으사 부르심을 입은 자로 하여금 영원한 기업의 약속을 얻게 하려 하심이라(히 9:15)

단어를 제대로 알면 주님과의 동행이 깊어진다!

우리는 성경을 통해 하나님을 알고 성경을 통해 하나님과 동행한다. 그래서 성경을 제쳐놓고는 신앙생활을 할 수 없다. 그런데 성경은 언어라는 수단을 통해 우리에게 주어졌고, 언어는 각종 정치·사회·문화 상황에 따라 변하거나 단절된다. "단어를 알면 복음이 보인다"라는 이름으로 지금까지 열두 장의 글을 이어왔다. 초창기 우리말 성경에 사용된 단어의 뜻이 일제강점기라는 특수한 사정으로 인해 오늘날까지 제대로 전달되지 못함으로써 성경의 오묘한 말씀이 온전히 이해되지 못하고 있는 것을 안타깝게 여겨서였다.

인간은 모두 죄인이라 죄의 문제를 해결하지 않고는 하나님과 함께할 수 없다. 이 죄의 문제를 해결하러 오신 분이 예수이다. 죄는 어떻게 해결되는가? 자신이 죗값을 치르거나 아니면 자신과 '대등한' 인물로 대속(代贖)을 할 수 있다.("1부 교리 이해"

의 첫 번째 장) 그래서 참 하나님이신 예수께서 참 인간이 되어 인간인 우리를 대속해주셨다. 예수께서 몸소 희생(犧牲)이 되어 완전한 피의 제사를 드림으로써("2부 사랑 이해"의 첫 번째 장) 우리는 하나님을 예배하며 살 수 있게 되었다. 주님의 은혜로 우리는 우리 죄를 '자복'하여 '사유'하심을 입었고 죄인에서 하나님의 자녀로 신분이 바뀌었다.("1부 교리 이해"의 세 번째 장) 이제 예수와 함께 하나님의 자녀, 하나님의 상속자가 된 우리는 이미 주님이라는 기업(基業)을 누리고 있으며 또 주께서 약속하신 것처럼 앞으로 영생과 천국을 기업으로 받을 것이다.("4부 정체성 이해"의 세 번째 장) 우리는 완악(頑惡)하고 패역(悖逆)했지만("3부 선 자리 이해"의 세 번째 장) 주께서는 우리를 포기하지 않으셨고 앞으로도 그렇게 하시어 약속을 온전히 이루실 것이다. 주님은 말씀한 대로 이루시는 신실(信實)한 분이기 때문이다.("2부 사랑 이해"의 두 번째 장) 우리는 어디에 있든 하나님을 임금으로 하여 하나님의 통치를 받는 하나님의 백성으로 살며("4부 정체성 이해"의 두 번째 장) 주의 명령을 받은 사자(使者)로 주의 일을 하며 살다가("3부 선 자리 이해"의 두 번째 장) 주와 함께 영생을 누리게 된다.

앞으로도 언어는 변하겠지만 성경은 변함없는 하나님의 말씀이며 우리는 이 성경을 통해서 하나님과 동행할 것이다. 그러기에 성경의 단어를 온전히 이해하기 위한 우리의 노력은 계속되어야 한다.

서신혜 徐信惠

한양대학교 국어국문학과에 입학하여 학사, 석사, 박사 과정을 마치고 백과사전식 한문 소설인 『삼한습유』로 문학박사학위(Ph.D.)를 받았다. 이후 백석대학교 신학대학원에서 목회학 석사(M.Div.) 과정을 하고 목사안수를 받았다. 경북대학교 퇴계연구소 전임 연구원, 한국학중앙연구원 장서각연구소 전임 연구원 등을 거쳐 현재 한양대학교 인문대학 부교수로 재직 중이다. 신앙활동 이력으로는 한국학중앙연구원에서 4년간 매주 신우회 예배를 인도하고, 한양대 부임 후 화음교회(용인) 협동목사로 5년간 청년들을 지도했다.

다수의 전공 서적을 집필했으며 그 외에도 다양한 고전 자료를 바탕으로 여러 종류의 책을 썼다. 대표작으로 『열정, 명인과 딴따라를 가르는 한 끗』, 『조선의 승부사들』, 『조선인의 유토피아』, 『오천년 역사 묘향에 오르다』, 『나를 갈고 닦는 예절: 동자례』, 『나라가 버린 사람들』, 『옛사람들에게 묻는 부자의 길, 전도(錢道)』, 『한국 전통의 돈의 문학사, 나눔의 문화사』 등이 있다.

교회사도 연구하여 『구비문학으로 읽는 한국인의 종교성』, 『개화기 한글 번역 성경의 사회문화사』, 『김교신과 유영모의 생애와 민족사랑』 등의 책을 몇 분과 함께 썼다. 번역서로는 『만고기담』, 『성교리증』, 『덕혜입문』 등이 나왔다.